Social Media Marketing für Anfänger:

Wie Sie durch professionelles Facebook und Instagram Marketing Ihre Bekanntheit erhöhen, mehr Follower bekommen und neue Kunden gewinnen.

Sandra Richter

Inhaltsverzeichnis

Vorwort - für wen dieses Buch geeignet ist 1
Hältst Du Dich selber vom Erfolg ab? 3
Kenne Deine Audience - warum die meisten Menschen schon am Anfang scheitern 6
Facebook vs. Instagram - für was sollte ich mich entscheiden? 10
So funktioniert Instagram wirklich - die Schritt für Schritt Anleitung für Einsteiger 14
Mehr Follower durch die richtige Traffic-Strategie 18
Den richtigen Kundenavatar für Instagram erstellen 21
Wie Du Deinen Kundenavatar für Instagram erstellst - der beste Geheimtipp 23
Contenterstellung like a Kind - Was Du bei Instagram unbedingt wissen musst 29
Mit Videos mehr Reichweite aufbauen 32
Die passende Contentart für Dich! 36
Der richtige Pitch - so promotest Du Dein Produkt richtig auf Instagram 37
Die Hashtags - was Du über Instagram unbedingt wissen musst 39
Regelmäßig posten - warum Du auf Instagram regelmäßig aktiv sein solltest 41
Dein Instagram-Masterplan - worauf Du auf jeden Fall achten solltest 42
Dein Instagram-Marketingplan 45
Dein Instagram-Marketingplan 46
Facebook verstehen - wie kann ich mehr Leute durch effektives Facebookmarketing erreichen? 47

Facebook verstehen - wie Du mehr Menschen mit Deiner Story erreichst! 50
Die eigene Facebookpage 52
Den Markt verstehen - in welche Nische soll ich einsteigen? 53
Der Facebook-Algorithmus - das solltest Du wissen 56
Dein Facebook-Marketingplan 61
Der Marketingplan (Dauer: 7 Tage) 63
Fazit 64

Vorwort - für wen dieses Buch geeignet ist

Hast Du eine Message, die Du nach außen bringen willst? Willst Du mit dem, was Du machst und liebst, endlich mehr Menschen erreichen? Dann ist dieses Buch genau das Richtige für Dich! Ich werde Dir Schritt für Schritt zeigen, wie Du Dir schnell, effektiv und einfach ein Onlinebusiness aufbauen kannst.

Soziale Netzwerke haben in den letzten Jahren so stark an Bedeutung gewonnen, wie kaum etwas anderes in dieser Welt. Dieser Wandel hat auch einen bestimmten Grund. Gerade junge Leute greifen immer wieder auf soziale Netzwerke zurück, um das Beste herauszuholen und dafür zu sorgen, dass man schneller und einfacher das erreichen kann, was man eigentlich wollte.

Es ist auch kein Zufall mehr, dass die Fernsehwerbung immer mehr abnimmt. Viele junge Menschen besitzen keinen Fernseher mehr zu Hause, weil sie selbst bestimmen wollen, was sie sehen und hören wollen. Sie haben keine Lust mehr sich ständig von irgendwelchen Serien berieseln zu lassen.

Das ist auch der Grund, warum so viele Menschen auf Facebook Gruppen gründen. Es gibt kaum auf einer anderen Plattform so viele verschiedene und wertvolle Gruppen, wie auf Facebook. Man will das Gefühl haben, das man dazugehört. Auch wenn das ein Gefühl ist, dass vom Ansatz her nichts mit sozialen Netzwerken zu tun hat, haben die sozialen Netzwerke dies perfekt für sich genutzt.

Auch Du kannst dafür sorgen, dass Du Schritt für Schritt immer mehr Menschen für Dich gewinnst. Du musst einfach nur die richtige Strategie kennen und ich werde Dir Schritt für Schritt zeigen, wie das funktionieren kann. Im Grunde musst Du die beiden verschiedenen sozialen Netzwerke Instagram und Facebook erst mal verstehen. Wenn Du das gemacht hast, kommt es nur noch auf die richtigen Strategien an.

Sandra Richter

Hierbei wirst Du selbstverständlich auch nicht alleine gelassen! Ich habe extra für Dich für Instagram wie auch Facebook einen Plan erstellt, den Du nutzen kannst. Dieser Plan wird Dir nicht nur dabei weiterhelfen die ersten Schritte zu machen, sondern auch ein hilfreiches Fazit zu ziehen. Mit diesen Worten will ich das Vorwort auch schon beenden und wünsche Dir viel Erfolg beim Lesen!

Hältst Du Dich selber vom Erfolg ab?

Vielleicht hast Du schon länger mal überlegt endlich Deinen eigenen Brand aufzubauen und diesen über Social Media zu promoten. Sobald Du aber damit angefangen hast es anderen Menschen in Deinem Umfeld zu erzählen, waren die Reaktionen nicht so prächtig. Gerade, wenn wir neue Sachen angehen wollen, die nicht dem normalen Standard entsprechen, scheint es so, dass unser Umfeld nicht so begeistert ist und uns auch nicht wirklich unterstützen will.

Es ist jedoch von großer Bedeutung, dass Du genau diese Angst endlich ablegst. Gerade, wenn es um das Thema Onlinemarketing geht, haben gerade viele alte Menschen Zweifel, ob es wirklich klappen kann. Gerade Eltern sehen das schnell mal skeptisch an. Wenn Du jedoch wirklich erfolgreich im Onlinemarketing werden willst, ist es wichtig, dass Du bereit bist diese Zweifel über Bord zu werfen.

Es werden Dir immer mehr neue Menschen begegnen, die überhaupt nicht mit dem zufrieden sind, was Du vorhast. Gerade, was das Thema Onlinemarketing angeht, ist es ein Thema, was Du nicht auswendig lernen kannst. Du musst dazu bereit sein, Deine Erfahrung, wie auch Deine Fehler zu machen. Aus diesen kannst Du nämlich am meisten und besten lernen. Du wirst auch merken, dass Du von Schritt zu Schritt besser werden wirst.

Die meisten Menschen sind jedoch nicht dazu bereit Zeit und Energie in ein Projekt zu stecken, um nachhaltig davon zu profitieren. Ich würde Dir jedoch empfehlen, Dir so eine Denkweise zuzulegen. Du wirst bemerken, dass es Dir viel besser tun wird, und dass Du auch viel schneller und einfacher Erfolge haben wirst. Das kann manchmal schwer sein. Es kann auch manchmal bedeuten, dass man sich selber im Marketing Fehler eingestehen muss.

Aber weißt Du was? Das ist vollkommen in Ordnung und sogar auch noch wünschenswert! Wenn Du daran arbeitest, wirst Du Schritt für Schritt weiter kommen. Der größte Onlinemarketer Kris Stelljes hat in seinen Videos und seinen Vorträgen immer wieder erwähnt, dass in der Regel immer nur 1 bis 2 von 10 Sachen funktionieren, die man sich als Unternehmer vornimmt.

Bei der Vermarktung auf Facebook und Instagram sieht es nicht anders aus. Du wirst viele Sachen ausprobieren, aber das bedeutet, dass Du auch ein Risiko eingehen musst. Selbstverständlich werde ich Dir im Verlauf des Buches ganz genau zeigen, wie Du dieses Risiko vermindern kannst. Am Anfang des Buches will ich jedoch zu einem Umdenken von dem Begriff „Fehler" anregen.

Gerade, wenn man sein eigenes Business im Internet starten will und dann einmal gescheitert ist, wird einem von allen Seiten gesagt, dass es sowieso nichts bringt. Das Paradoxe an der ganzen Sache ist, dass sich genau diese Kritiker in den meisten Fällen gar nicht mit Onlinemarketing beschäftigt haben.

Auch im Marketing gibt es Tools und Werkzeuge, die man auf jeden Fall kennen und anwenden sollte. Gerade am Anfang ist es wichtig, dass man nicht einfach ohne Training über eine Hürde springt. Viel wichtiger ist aber, dass man beginnt, in Lösungen statt in Problemen zu denken.

In diesem Punkt halten wir uns selber von unserem eigenen Erfolg ab. Wir denken, nicht gut genug zu sein. Wir haben Zweifel, ob unsere Idee wirklich so gut funktionieren kann, weil wir diese eine Sache immerhin nicht studiert haben. Doch was ist eigentlich dran an diesen Zweifeln und wie kann man diese überwinden? Wenn Du wirklich Erfolg beim Onlinemarketing haben willst, ist es wichtig, dass Du Dir selber die Angst davor nimmst, zu scheitern.

Onlinemarketing ist kein normales Fach, was Du einfach so studieren kannst. Das beste Studium sind an dieser Stelle Deine eigenen Erfahrungen und die Erfahrungen von Menschen, die es schon geschafft haben. Von diesen Erfahrungen kannst Du nämlich am besten und Einfachsten lernen. Du wirst auch merken, dass Du Dich von Mal zu Mal verbessern wirst, wenn Du Deine Strategien immer wieder reflektierst, um dann das Beste herauszuholen.

Es ist jedoch wichtig zu verstehen, dass Du **NICHT** scheitern kannst. Du kannst allerhöchstens aus einer Situation lernen und es dann besser machen. Mit diesem Mindset wirst Du nicht nur von Mal zu Mal erfolgreicher werden, sondern wirst Dir auch nicht selbst einen riesigen Stress machen. Wer zum ersten Mal ins Onlinemarketing einsteigt, wird bemerken, dass es ein langfristiger Prozess ist.

Deswegen kann es hilfreich sein, wenn man sich mit Leuten umgibt, die schon mehr Erfahrung haben, als man selbst. Genau von diesen Leuten kann man viel schneller und besser lernen, als von irgendwelchen Professoren. Hierfür braucht man auch keinen großen Geldbeutel zu haben. Es gibt auf Facebook mittlerweile etliche Gruppen, bei denen man sich nicht nur super informieren kann, sondern darüber hinaus auch noch Gleichgesinnte treffen kann.

Kenne Deine Audience - warum die meisten Menschen schon am Anfang scheitern

Die meisten Menschen denken, dass sie das Rad neu erfinden müssen, wenn es um das Thema Onlinemarketing geht. Gerade, wenn man eine bestimmte Zielgruppe erreichen will, macht man sich die meiste Zeit Gedanken, dass man noch nicht gut genug ist. In Wirklichkeit musst Du das Rad gar nicht neu erfinden. Wenn Du Dich für einen bestimmten Bereich, wie zum Beispiel Fitness, besonders interessierst, dann kennst Du auch bestimmt schon Leute, die genau in diesem Bereich besonders erfolgreich sind und genau an diesen Menschen musst Du Dich orientieren.

Bevor man ein ganzes Business aufbaut, sollte man seine eigene Audience besonders gut kennen. Nur so kannst Du sie nämlich auf der richtigen Sprache ansprechen und ihnen genau das geben, was sie brauchen. Du hast die Lösung für ihr Problem. Wenn Du Dich selber an so einem Denken orientierst, ist die Wahrscheinlichkeit viel größer, dass Du genau in diesem Bereich besonders viel Erfolg haben wirst.

Doch wie kann man herausfinden nach, was die Leute suchen, die man ansprechen will? Was hat man dabei alles zu beachten? Im Grunde ist es ziemlich einfach. Du brauchst nichts neu zu erfinden. Im ersten Schritt schauen wir uns nämlich nur an, was die Menschen wollen, die Du ansprechen willst. Die Bedürfnisse und Probleme können von Nische zu Nische selbstverständlich unterschiedlich sein.

Trotzdem brauchst Du keine milliardenschwere Marktanalyse vorzunehmen, um im Internet ein erfolgreiches Onlinebusiness aufzubauen und damit auch passiv Geld zu verdienen. Im ersten Schritt ist es wichtig, dass Du Dich an Leuten orientierst, die schon in der Nische

Erfolg haben. Wenn Du beispielsweise in die Fitnessnische einsteigen willst, kann Karl Ess ein super Beispiel dafür sein.

Es geht nicht darum, einfach nur irgendjemanden zu kopieren. Davon würde ich Dir im Allgemeinen abraten, da es Dich nicht wirklich weiter bringen wird, und sogar dafür sorgen kann, dass Du Deine Followerschaft kaputtmachst. Du kannst jedoch an solchen Influencern sehr gut erkennen, was die eigentlichen Bedürfnisse der Personen sind, die sich für diese Nische interessieren. Das wären nämlich Deine potenziellen Interessenten und Kunden, an denen Du Dich orientieren kannst.

Schon alleine die Themen, die diese Influencer ansprechen, und auch Facebook und Instagram behandeln, sind ein guter Indikator. Ein Influencer mit 100.000 Follower auf Instagram und Facebook überlegt sich in der Regel ziemlich gut, was er oder sie postet. Das hat den Grund, dass diese Menschen schon Erfahrung mitbringen. Auch Fragen und Anregungen, die unter den Kommentaren von diesen Menschen auftauchen sind ein super Ansatzpunkt für Dich.

Sie geben Dir nämlich die Möglichkeit die Bedürfnisse und auch die Denkweise von Deinen eigenen Interessenten zu verstehen. Somit kannst Du Dir selber ein viel besseres Bild machen und diese Menschen auch am Ende viel besser erreichen. Damit Du Dir besser vorstellen kannst, was darunter zu verstehen ist, wollen wir an dieser Stelle ein kurzes Beispiel anführen.

Wenn Karl Ess auf seinem Instagramprofil einen Post darüber macht, in dem er fragt, was seine Zuschauer für Videowünsche haben, ist das Dein Startzeichen, um zu forschen. In der Regel wird so ein Post von so einem Influencer innerhalb von wenigen Minuten sehr viele Kommentare bekommen. In diesen Kommentaren kannst Du sehr schnell die Wünsche und Bedürfnisse von den Fans von Karl Ess ablesen.

Da Du in der gleichen Nische aktiv sein willst, musst Du Dich also nur an Leuten orientieren, die schon einen oder auch mehrere Schritte weiter sind als Du. Du kannst nicht nur eine Menge von ihnen, sondern auch von ihren Followern, die auch schnell zu Deinen Fans werden können, lernen. Bevor Du aber mit der Contenterstellung beginnst, solltest Du erst mal herausfinden, was Deine Fans eigentlich wollen.

Darüber hinaus solltest Du auch noch herausfinden, was bei Deinen potenziellen Fans am besten ankommt. Das kann bei Instagram ein bestimmter Feed und bei Facebook ein ganz spezieller Schreibstil sein. Die Praxis hat nämlich gezeigt, dass das beste Produkt der Welt nichts bringt, wenn es nicht richtig vermarktet wird. Hier kommt es in den meisten Fällen auf Dich selbst an und wie viel Bereitschaft Du mitbringen wirst.

Wenn Du nämlich erst mal erkennst, was die Leute wirklich wollen, die Du ansprechen willst, kannst Du viel schneller und einfacher auf sie zugehen. Auch beim Verkaufen kommt es auf nichts anderes an. In der Regel macht das „Wie" in der Praxis viel mehr, als das „Was". Selbstverständlich ist es wichtig, dass Du auch ein ordentliches Produkt hast. Das Produkt ist im Grunde die Lösung für das Problem Deiner Fans.

Nun ist es wichtig, dass so viele Menschen wie nur möglich von dieser Lösung erfahren. Genau hier kommt das Marketing im Spiel. Hierbei ist es in erster Linie unwichtig, welcher Social Media Plattformen Du Dich bedienst. Selbstverständlich gibt es einen Grund, warum wir uns in diesem Buch auf Facebook und Instagram fokussieren. Diese beiden Plattformen sind genau die, mit denen man heutzutage schnell und effektiv Menschen erreichen kann.

Diese Plattformen bringen Dir im Grunde gar nichts, wenn Du keine Ahnung hast, wie Du mit ihnen umgehen kannst. Daher ist es wichtig, dass Du Dir im ersten Schritt das richtige Wissen aneignest. Ein Produkt kann man immerhin noch jederzeit erstellen. Der erste und beste Schritt, um damit anzufangen, ist es eine Marktrecherche zu betreiben.

Wenn Du auf Facebook und Instagram Marketing betreiben willst, willst Du es immerhin nicht umsonst machen. Genau deswegen ist es wichtig, dass Du erst mal herausfindest, ob ein Markt vorhanden ist. Für so eine Recherche brauchst Du keine Millionen und auch keine bestimmten Kontakte. Im Grunde geht es ziemlich einfach und Du wirst auch merken, dass Du mit der Zeit ein immer besseres Gespür dafür bekommen wirst, was Deine Audience auf Facebook und Instagram wirklich will.

Auch bei Deiner eigenen Contenterstellung wirst Du Zeit für Zeit immer mehr Feedback bekommen. Dieses solltest Du unbedingt immer wieder nutzen, um Deine eigene Arbeit immer wieder zu reflektieren. Somit kannst Du Deine Zielgruppe immer besser ansprechen und auch dafür sorgen, dass sich Deine Produkte jedes Mal besser verkaufen.

Das Gute an Social Media ist, dass Du nicht von Anfang an perfekt sein musst. Du kannst Fehler machen und genau aus diesen Fehlern lernen. Gerade Fehler sind der perfekte Ansatzpunkt, um jedes Mal das Beste herauszuholen und sein eigenes Verhalten Stück für Stück anzupassen.

Facebook vs. Instagram - für was sollte ich mich entscheiden?

Wenn man sich zum ersten Mal mit dem Thema Onlinemarketing beschäftigt, ist der Gedanke nicht weit, für welche Plattform man sich entscheiden soll. Gary Vaynerchuk hat als jahrelanger Marketer eine ganz klare und deutliche Meinung. Er sagt, dass man sich auf alle Kanäle fokussieren soll. Jeder Social Media-Kanal ist wie eine andere Sprache. Auf einem Kanal wird „Spanisch" gesprochen und auf dem anderen „Chinesisch".

Es ist wichtig, dass man die Sprache von diesen Leuten mitspricht. Ansonsten kann die Vermarktung schon bei der Kommunikation scheitern. Das bedeutet auf keinen Fall, dass man sich verstellen oder krankhaft anpassen muss. Das sollte man auf keinen Fall versuchen, und ich werde noch mal später darauf eingehen, warum Authentizität an dieser Stelle so wichtig ist, und auch dafür sorgen wird, dass Du bei Deinem Onlinemarketing und Deinem Brandaufbau wirklich erfolgreich wirst.

An erster Stelle ist es jedoch wichtig, dass Du die Werkzeuge kennst, die Du dafür nutzen kannst, um neue Leute und somit auch Fans für Dich zu gewinnen.

Ich will an dieser Stelle Facebook und Instagram als Beispiel anführen, um Dir ein besseres Bild zu vermitteln und Dir auch näher zu bringen, wie Du auf diesen beiden Plattformen besser, schneller und vor allem auch effektiver vermarkten kannst. In den meisten Fällen kommt es nämlich nicht nur darauf an wie oft, sondern was Du postest.

Wenn Du Dir bei Instagram die Mühe machst, einen riesen langen Text zu schreiben, ist das zwar schön, aber die Realität sieht so aus, dass die meisten Benutzer bei Instagram sich nicht die Zeit nehmen werden, um diesen Text auch wirklich zu lesen. Das hat nichts damit zu tun, dass Dein Text schlecht sein muss. Ganz im Gegenteil! Dein Text kann auch wunderbar sein! Instagram ist jedoch eine sehr bildlastige Plattform. Das bedeutet für Dich, als Marketer, dass Du Dich vor allem auf den visuellen Fokus konzentrieren solltest.

Die meisten Menschen auf Instagram schauen sich nicht ihren Feed an, um einen Roman zu lesen. Sie wollen einfach nur runter scrollen und Bilder sehen, die sie ansprechen. Diese Bilder können selbstverständlich von Nische zu Nische unterschiedlich sein, und an dieser Stelle ist es auch wichtig, dass man herausfindet, welche Bilder am besten bei der Audience ankommen. Darauf werde ich jedoch noch mal in einem späteren Kapitel eingehen und Dir auch Schritt für Schritt zeigen, was Du zu beachten hast.

Das bedeutet jedoch nicht, dass Du keine langen Texte produzieren kannst. Ganz im Gegenteil. Es gibt Plattformen, wo das ganz genau so gewollt ist, und diese kannst Du auch dafür nutzen. Du bemerkst: Wir denken in Lösungen und nicht in Problemen! Nur, weil eine bestimmte Art von Content nicht auf einer speziellen Plattform gut ankommt, bedeutet das nicht zwingend, dass der Content schlecht sein muss.

Du solltest natürlich wissen, was Deine Fans von Dir wollen und auch welche Probleme sie haben. Viel wichtiger ist jedoch, auf welche Art und Weise Du ihnen die Lösung bringst, und vor allem auch auf welchen Plattformen. Diese Dinge werden Dir dabei weiterhelfen, wirklich erfolgreich zu sein. Während man auf Instagram auf der Suche nach ansprechenden Bildern ist, sucht man auf Facebook Geschichten.

Facebook ist eine perfekte Plattform, um sich auch selber besser und ausführlicher schriftlich zum Ausdruck zu bringen. Du wirst bemerken, dass Du einen großen Schritt weiterkommen wirst und auch viel schneller und einfacher Ergebnisse erzielen wirst, wenn Du Deine längeren Texte einfach auf diese Plattform verlegst. Das Beste an Social Media ist immerhin, dass man sich überall mit seinem Brandnamen ein Profil erstellen und dieses auch verwalten kann.

Das bedeutet jedoch auf keinen Fall, dass Du Dich verstellen solltest. Nun kommen wir auf den Punkt zu sprechen, den wir eben schon mal angesprochen haben, und zwar Authentizität. Es gibt einen ganz bestimmten Grund, warum immer mehr Menschen von dem Fernsehen zum Internet gewechselt haben. Dieser Prozess ist nicht einfach so passiert und hat bestimmte Gründe. Damit Du ein besseres Gespür dafür bekommst, was an Deinem Content gut ankommt, und von was Du lieber die Finger lassen solltest, wollen wir das an dieser Stelle zusammen einmal durchgehen.

Die meisten Leute (vor allem aber junge Menschen) hatten die Schnauze von dem Fernsehen voll. Das hatte den Grund, weil sie keinen Bezug zu dem entwickeln konnten, was im Fernsehen produziert wurde. Gerade Talentshows verloren immer mehr an Aufmerksamkeit, was auch ein Grund dafür ist, warum sich beispielsweise die Serie DSDS die Youtuberin Shirin David eingekauft hat.

Die heutigen Meinungsmacher finden sich nicht mehr im Fernsehen. Immer mehr junge Menschen nutzen soziale Medien, weil sie auf diesen Plattformen einen viel besseren und vor allem auch schnelleren Bezug schaffen können. Man kann einfacher und vor allem auch direkter mit den Menschen in Kontakt stehen. Wo früher eine bestimmte Serie beziehungsweise ein Unternehmen zwischen dem Produzenten und dem Zuschauer stand, ist bei sozialen Medien diese Kluft zerbrochen.

Genau dieser direkte Kontakt ist extrem wichtig für Dich und wird Dir auch dabei weiterhelfen, mehr Menschen für Dich und Deinen Brand zu interessieren. Das Erste, was Du an dieser Stelle verstehen und auch verinnerlichen musst, ist, dass Du auf sozialen Medien nicht versuchen solltest irgendeine Rolle vorzuspielen, oder die Leute um Dich herum zu verarschen. Gerade junge Menschen haben ein sehr gutes Gespür dafür, ob ihnen jemand im Internet einfach nur etwas verkaufen will, oder wirklich weiterhelfen will. Daher spielt Authentizität an dieser Stelle auch eine sehr große Rolle.

Gerade für das eigene Branding ist es wichtig, dass Leute hinter Deinem Logo etwas sehen oder spüren können. Wenn Du beispielsweise das Coca-Cola Logo siehst, assoziierst Du selber auch ein bestimmtes Gefühl damit. Dieses Gefühl kann schlecht oder gut sein. Genau deswegen ist es wichtig, dass Du für Dich und Dein Unternehmen diese Chance nutzt. Auch, wenn Du Dir Dein Business momentan selber am Aufbauen bist, kannst Du dafür sorgen, dass die Leute, die Dich auf sozialen Medien sehen, auch eine bestimmte Assoziation mit Dir haben.

So funktioniert Instagram wirklich - die Schritt für Schritt Anleitung für Einsteiger

Instagram ist einer der effektivsten Social Media Plattformen auf der ganzen Welt. Gerade das Wachstum dieser Plattform ist gigantisch und verbessert sich immer mehr. Es gibt auch einen bestimmten Grund, warum mehr Influencer vermehrt auf Instagram, als auf alle anderen Plattformen zurückgreifen. Gerade die Reichweite, die man heutzutage über Instagram erzielen kann, ist erheblich groß, und im Gegensatz zu anderen Plattformen auch noch einfacher.

Genau deswegen ist JETZT der perfekte Zeitpunkt für Dich, um bei Instagram einzusteigen. Gerade, wenn man noch keine große Fan-Basis hat und gerade erst anfangen will, ist Instagram genau die richtige Plattform dafür. Du kannst einfach Deine ersten Schritte machen und wirst auch ziemlich schnell merken, dass Du eine besonders große Fan-Basis aufbauen kannst.

In diesem Kapitel werden wir Dir zeigen, wie Du Schritt für Schritt hierbei vorgehen kannst, ohne Dir allzu viel vorzunehmen. Gerade, wenn man am Anfang steht, wird man damit einen großen Schritt weiter kommen und auch verstehen, dass es im Grunde gar nicht so schwer ist anzufangen. Immerhin gibt es schon viele Leute, die es schon vor Dir geschafft haben und das ist immer ein gutes Zeichen.

Konkurrenz wird in diesem Fall sehr oft falsch verstanden. Konkurrenz muss nicht zwingend etwas Schlechtes bedeuten. Gerade, wenn man noch am Anfang steht und in einer ganz bestimmten Nische einsteigen will, sollte man immer nach Konkurrenz Ausschau halten. Wenn der Markt einfach total leer ist, kann es auch sein, dass sich schlichtweg kaum jemand für dieses Thema interessiert.

Für Dich, als Unternehmer, wäre es dann ziemlich unprofitabel genau in diese Nische hineinzugehen. Daher solltest Du Deine Nische immer wieder nach Konkurrenz überprüfen. Wenn Konkurrenten in diesem Markt vorhanden sind, die schon Erfolg haben, bedeutet das auch, dass es Interessenten gibt, die dazu bereit sind, in diesem Markt Geld auszugeben. Es sind also Kunden vorhanden.

Dieses Prinzip kannst Du im Grunde auf jeden Social Mediakanal übertragen. Hierbei spielt es keine Rolle, ob Du auf Facebook oder Instagram aktiv bist. In der Nische, in der Du einsteigen willst, sollten im besten Fall schon erfolgreiche Influencer vorhanden sein. Damit ersparst Du Dir nämlich eine Menge Zeit und Energie.

Nun wollen wir aber ein bisschen genauer auf die Plattform Instagram eingehen und herausfinden, worauf es beim Marketing ankommt. Wenn wir uns Instagram ein bisschen genauer anschauen, dann fällt uns ganz schnell auf, dass es sich hierbei um eine sehr bildhafte Plattform handelt.

Was auf den ersten Blick auffällt, ist, dass Instagram eine sehr bildlastige Plattform ist. Im Gegensatz zu Facebook macht es hier keinen großen Sinn lange Romane zu schreiben. Die meisten Menschen, die auf Instagram unterwegs sind, haben in der Regel auch nicht so viel Zeit. Sie scrollen im Normalfall einfach nur den Feed herunter und liken und kommentieren etwas. Daher sollte man die Aufmerksamkeit von dem Nutzer am besten mit einem aussagekräftigen Bild ergreifen.

Auch Gary Vaynerchuk hat in seinem Bestseller „jab jab right hook" genau davon gesprochen, dass es keinen besseren Zeitpunkt gibt, um jetzt bei Instagram einzusteigen. Allein in Deutschland nutzen über 9 Millionen Menschen Instagram und täglich kommen Tausende Nutzer dazu. Auch die hohe Interaktionsrate spricht dafür, dass man gerade jetzt mit Instagram anfangen sollte, um das Beste herauszuholen.

Im Gegensatz zu Facebook ist die Interaktionsrate um 10 % höher und auch ein Pitch, den man über Instagram übernimmt, hat sich in der Praxis als erfolgreicher erwiesen. Es gibt also keinen besseren Zeitpunkt, als genau jetzt damit anzufangen. Ich werde Dir in diesem Buchkapitel genau zeigen, wie Du vorgehen kannst und was Du dabei zu beachten hast. Es scheint für die meisten Menschen nicht so einfach, mit Onlinemarketing anzufangen, wenn sie zuvor noch keinen genauen Plan hatten, wie sie es angehen sollen.

Deswegen ist es auch wichtig, dass man sich einen Contentplan macht. Deine Instagramfollower wollen nicht zum zehnten Mal ein Selfie sehen. Du musst bei Deiner Planung auf keinen Fall so zwanghaft werden wie ein großer Manager eines Großkonzerns. Ansonsten kann man auch schnell die Leidenschaft beim Vermarkten verlieren und wird nicht langfristig durchhalten.

Trotzdem kann es nicht schaden, wenn man mit einer bestimmten Struktur herangeht. Dazu gehört nicht nur das starke Mindset, sondern auch wie man seinen Content produziert. Das Beste an sozialen Medien, als auch Instagram, ist, dass wir von diesen Medien am besten lernen können. Es wird immer Leute geben, die Deinen Content nicht mögen werden. Damit muss man klarkommen. Manchmal kann es jedoch sein, dass man einfach Content produziert und damit nicht die Leute ansprechen kann, die man eigentlich ansprechen wollte.

Da die Interaktionsrate bei Instagram relativ hoch ist, werden Dir genau diese Leute dabei weiterhelfen. Deine Fans geben Dir in den meisten Fällen Rückmeldung, ob etwas gut geklappt hat, oder ob Du noch einmal drüber schauen solltest und Deine Strategie verändern solltest. Sie werden das natürlich direkt auf diese Art und Weise unter den Kommentaren festlegen. Du kannst jedoch nach kurzer Zeit sehr schnell bemerken, ob etwas gut angekommen ist, oder ob Du vielleicht auch mal einen anderen Weg einschlagen solltest.

Sich auf eine Sache festzulegen, wird Dich beim Marketing nicht sonderlich weiterbringen. Manchmal muss man auch einfach dazu bereit sein, seinen Content auf eine bestimmte Art und Weise rüber zu bringen. Auch das beste Produkt auf der Welt wird Dir nicht wirklich weiterhelfen, wenn Du nicht dazu bereit bist, es richtig und schlau zu vermarkten. Das Gute ist jedoch, dass Du nicht von Anfang an ein Profi und Experte in dem Bereich sein musst. Auch die Analytics werden Dir dabei weiterhelfen herauszufinden, was wirklich gut angekommen ist und was nicht.

Mehr Follower durch die richtige Traffic-Strategie

Wenn wir eine gekonnte und effektive Strategie anwenden, um mehr Traffic zu erzielen, wird das im Endeffekt dazu führen, dass wir auch mehr potenzielle Interessenten zu Kunden verwandeln können. Im Grunde ist das gar nicht so schwierig, und ich werde Dir in diesem Kapitel selbstverständlich einige Tipps und Tricks mit an die Hand geben, die Dir helfen werden den Traffic zu verbessern, und genau die Leute anzusprechen, die auch Deine potenziellen Kunden sein können.

Der Benutzername: Wenn Du die ersten Einstellungen vorgenommen hast und Dich auch darum gekümmert hast, dass Dein Profilbild sitzt, musst Du Dich im nächsten Schritt für einen Benutzernamen entscheiden. In diesem Bereich gibt es einen bestimmten Trick, den Du anwenden kannst, um mehr Traffic zu erzielen! Dieser Traffic-Trick besteht daraus, dass Du einen beliebten Hashtag in Deinem Benutzernamen hast. Wenn Du Dich beispielsweise auf die Fashionbranche fokussieren willst, kann das beispielsweise der Hashtag „Fashion" sein. Beim Reisen funktioniert der Hashtag „Travel" besonders gut. Wenn Du Dich an dieser Stelle noch nicht entscheiden kannst, kannst Du Dich selbst einfach von großen Marken und Brands inspirieren lassen. Ich kann Dir versichern, dass Dich das weiterbringen wird und auch dafür sorgen wird, dass Du Stück für Stück an Deine Ziele kommst.

Die perfekte BIO: Zu einem gelungenen Setup gehört auch die richtige Biografie. Diese wird in den meisten Fällen von einer Vielzahl von Einsteigern unterschätzt und gar nicht richtig verwendet. Dabei ist die richtige Bio genau das perfekte Werkzeug, um neue Besucher zu Fans zu machen. Wenn Leute auf Instagram durch einen Post auf Dein Profil kommen, wollen sie auch mehr von Dir erfahren. Sie wollen trotzdem nicht allzu viel Zeit verschwenden, sondern schnell und knackig herauslesen können, wer Du bist, was Du machst und was Dich ausmacht. Daher solltest Du Deine Bio kurz und informativ halten.

Außerdem solltest Du diese auch noch mit den passenden Emoticons ausschmücken, um schnell und einfach Leute visuell für Dich gewinnen zu können. Damit Du Dir ein besseres Bild von einer gelungenen Bio machen kannst, haben wir für Dich einige Profile aufgelistet, die diesen Job besonders gut gemacht haben.

An diesen Profilen kannst Du Dich für Deine BIO orientieren:

https://www.instagram.com/lostleblanc/
https://www.instagram.com/garyvee/
https://www.instagram.com/alexisren/
https://www.instagram.com/life.to.go/
https://www.instagram.com/bohobeautifullife/

Wichtig für Deine BIO:

- Halte Dich kurz und knackig. Die Besucher wollen keinen Schulauftrag lesen!

- Benutze auf jeden Fall einen Link der Bio, um auf Deine Website, Youtube-Kanal oder auf eine andere für Dich relevante Seite hinzuweisen. Die Bio ist der einzige Ort bei Instagram, wo Links funktionieren. In Posts kannst Du dann die neuen Besucher immer wieder auf Deinen Link in der Bio hinweisen. Die Meisten werden jedoch schon aus Neugier auf den Link klicken.

- Lasse auf jeden Fall eine Kontaktmöglichkeit da. Somit können Dich beispielsweise Unternehmen und große Firmen für eine Zusammenarbeit anschreiben oder anrufen, und Dich für einen Post bezahlen. So was nennt man auch Influencer-Marketing, worauf wir in einem einzelnen Kapitel noch einmal genauer eingehen werden. Achte hierbei darauf, dass Du keine ganz normale Gmail- oder Gmx-Adresse verwendest. Du kannst schon für wenige Euros im Jahr eine eigene E-Mail-Adresse mieten und wirst damit gleich professioneller für Firmen und Unternehmen, die mit Dir zusammenarbeiten wollen.

- Achte auf die richtigen Emoticons. Die sorgen dafür, dass Deine Biografie spannender und ansehnlicher wird. Du wirst auch merken, dass Du um einiges weiter kommen wirst und viel mehr Follower für Dich gewinnen wirst. Der visuelle Faktor sollte bei Instagram niemals außer Acht gelassen werden.

Den richtigen Kundenavatar für Instagram erstellen

Vielleicht fragst Du Dich gerade, warum Du überhaupt einen Kundenavatar erstellen sollst und was es Dir bringen wird. Es ist im Grunde ziemlich einfach. Bei Instagram selber gibt es Zigtausend Profile, die zu total unterschiedlichen Zwecken erstellt wurden. Damit Du mit Deinem Profil genau die Leute erreichen kannst, die Du ansprechen willst, ist es wichtig, dass Du genau diese Leute erst mal kennenlernst. Somit kannst Du viel einfacher und effektiver mit den richtigen Postings auf sie eingehen.

Du brauchst Dir jedoch an dieser Stelle nicht allzu große Sorgen zu machen. Ich werde Dir keine Theorien erklären, die Du schon aus der Schule kennst und die Dir sowieso nichts bringen werden. Wir wollen stattdessen schauen, was Deine potenziellen Fans und somit auch Kunden wirklich wollen. Somit kannst Du viel einfacher und schneller herausfinden, mit welchen Postings Du auf sie eingehen kannst.

Es gibt ganz bestimmte Fragen, die man sich stellen sollte, damit man einen erfolgreichen Kundenavatar aufbaut und auch genau die Leute ansprechen kann, die man auch erreichen will. Damit Du einen besseren Überblick darüber bekommst, was das alles für Fragen sind, habe ich diese Fragen extra für Dich aufgelistet.

Diese Fragen solltest Du Dir stellen, bevor Du mit der Contenterstellung anfängst:

- Wer sind die Menschen, die ich ansprechen will? (Ungefähre Demografie - hierbei spielt die Altersspanne eine besonders große Rolle. Somit kannst Du im Nachhinein auch viel einfacher Ads erstellen, die Dir auch wirklich Profit bringen).
- Mit was beschäftigen sich diese Menschen am besten? (Ich werde Dir im nächsten Kapitel ganz genau zeigen, wie Du ein-

fach, schnell und kostenlos die Interessen und vor allem auch Probleme von Deinen zukünftigen Fans herausfiltern kannst.)

- Welche Sprache sprechen diese Menschen? Dies ist ein ganz wichtiger Punkt, denn somit kannst Du die Leute genau auf dem Level erreichen, wo sie auch sind. Wenn Du beispielsweise einen Post machst, der sehr intellektuell ist, aber Deine Followerschaft in den meisten Fällen aus 12 bis 14-Jährigen besteht, kann es sein, dass dieser Post auch total nach hinten losgeht. Das hat in erster Linie nichts damit zu tun, dass Dein Post schlecht ist. Du hast einfach nur die falschen Leute mit der falschen Sprache angesprochen. Du musst an dieser Stelle besonders aufpassen. Gerade auf sozialen Netzwerken, wie zum Beispiel Facebook, ist es besonders wichtig, dass der Schreibstil auch passt. Ansonsten lässt sich auch das beste Produkt auf der Welt nicht vermarkten.

- Was sind die Hobbys Deiner Kunden und somit auch Deiner Fans? Diese Frage ist besonders wichtig, denn auch für die Produkterstellung, die Dir den Profit bringt, ist diese Information besonders wichtig. Wenn Deine Fans sich beispielsweise für politische Themen interessieren und auch gerne lesen, ist es offensichtlich, für welches Format Du Dich entscheiden solltest. Es wäre an dieser Stelle ziemlich unpassend einen Videokurs zu erstellen. Du kannst Deine Kunden viel besser und einfacher erreichen, wenn Du an dieser Stelle auf ein Buch zurückgreifst.

Wie Du Deinen Kundenavatar für Instagram erstellst - der beste Geheimtipp

Die meisten Einsteiger denken, dass sie das Rad neu erfinden müssen. Sie denken gar nicht darüber nach, was schon andere erfolgreiche Marketer vor ihnen gemacht haben. Das ist jedoch genau der richtige Punkt, wo wir ansetzen können und auch sollten. Es gibt so viele Influencer, die auch in Deiner Nische, schon erfolgreich geworden sind. Genau von diesen Menschen kannst Du am besten und schnellsten lernen. Ihre Fans können auch ganz schnell zu Deinen Fans werden, wenn Du es richtig machst.

Ich möchte an dieser Stelle ein Beispiel anführen, damit Du Dir besser vorstellen kannst, was darunter zu verstehen ist. Nehmen wir mal an, dass Du in die Reisenische einsteigen willst. Diese Nische ist ziemlich groß und bietet somit auch sehr viel Konkurrenz. Die meisten Menschen denken an dieser Stelle, dass Konkurrenz etwas Schlechtes ist, und suchen sich stattdessen eine Nische, wo so gut wie keiner drinnen ist. Wenn in einer bestimmten Nische jedoch auch Konkurrenz vorhanden ist, bedeutet das auch, dass sehr viel Interessenten und Kunden in diesem Markt unterwegs sind, die Du für Dich gewinnen kannst.

Du siehst also, dass Konkurrenz auf keinen Fall immer etwas Schlechtes sein muss. Ganz im Gegenteil! Du kannst diese Konkurrenz für Dich nutzen, um das Beste herauszuholen. Daher solltest Du Dir im ersten Schritt Influencer in Deiner Nische heraussuchen, die schon Erfolg haben. Das kann in der Reisenische beispielsweise lost leblanc sein. Die Fragen, die ich Dir im Vorhinein aufgelistet habe, lassen sich somit viel einfacher und schneller beantworten. Du wirst auch bemerken, dass Du ein großes Stück weiter kommen wirst und auch viel schneller ein feinfühliges Gespür für Deine Kunden bekommen wirst.

So eine Suche ist jedoch nicht nur ein perfekter Ansatz um einen Kundenavatar zu erstellen. Auch für Deine Hashtagsammlung ist diese Suche Gold wert. Du solltest Dich an dieser Stelle jedoch nicht die ganze Zeit für Dein ganzes Leben an ein paar Hashtags fest klammern. Mit der Zeit können sich die themenrelevanten Hashtags immer wieder verändern. Die Menschen suchen nicht ihr ganzes Leben nach dem Gleichen. Deswegen ist es wichtig an dieser Stelle, so flexibel wie möglich zu bleiben.

Die besten Influencer sind auf Instagram nicht ohne Grund erfolgreich. Sie gehen bestimmten Prinzipien nach und machen auch ganz bestimmte Sachen richtig, um schnell und einfach erfolgreich zu sein. Daher solltest Du bei ihnen immer wieder einen kleinen Blick drüber werfen, um das Beste herauszuholen. Das gilt auch für die Hashtags.

Die Influencer sind jedoch nicht nur dafür geeignet. Die meisten Einsteiger denken, dass sie das Rad komplett neu erfinden müssen. Zumeist sieht es jedoch so aus, dass Du einfach nur besser sein musst. Du musst herausfinden, wie Deine Influencer arbeiten. Dafür musst Du diese Leute nicht alle persönlich kennen. Schon an einem Profil kannst Du ziemlich schnell und einfach erkennen, wie ein bestimmter Influencer vorgeht und welche Strategien er oder sie dabei verwendet.

Die Contenterstellung kann von Nische zu Nische unterschiedlich sein. Hier macht es auch keinen Sinn allgemeine Regeln aufzustellen, denn die Reisenische hat beispielsweise ganz andere Bedürfnisse als die Fashionische. Daher ist es wichtig individuell das Verhalten Deiner Konkurrenten zu analysieren. Sie haben in diesem Sinne schon viel Vorarbeit geleistet, von dem du profitieren kannst und auch dafür nutzen kannst, um schneller und einfacher Content zu kreieren, der besonders gut ankommt.

Auch sehr große Influencer haben Posts, die besonders gut ankommen und Posts, die nicht so viele Interaktionen haben. Je größer die Followerschaft von so einem Influencer ist, desto besser und genauer kannst Du diesen Unterschied für Dich erkennen. Wichtig an dieser Stelle ist, dass Du Dir Influencer aussuchst, die in Deiner Nische aktiv und erfolgreich sind. Ansonsten wird Dir diese Analyse nicht sonderlich viel bringen.

Hierbei solltest Du auf folgende Sachen achtgeben:

- Welche Bilder posten sie?
- Was kommt gut an?
- Wie sind ihre Instagram Stories?

Auch bei Deinem eigenen Instagramprofil wirst Du mit der Zeit ein besseres Gespür dafür bekommen. Du wirst von Zeit zu Zeit viel besser und einfacher feststellen können welche Art von Posts sehr gut ankommen, und von welchen Du lieber öfter die Finger lassen solltest. Es kann jedoch von Vorteil sein, wenn man sich schon vor der Contenterstellung einen Eindruck macht. Somit hast Du einen besseren Überblick und kannst Deinen eigenen Content auch viel besser targetieren.

Mache Instagram zu Deiner Leidenschaft

Wie kann es sein, dass Leute schon so schnell aufgeben, während die anderen jahrelang ohne Probleme an einer Sache dran bleiben können? Im Grunde ist es ziemlich einfach! Die Menschen, die wirklich lange dran bleiben können, haben einfach gelernt, dieses eine Ding zu ihrer Leidenschaft zu machen. Für sie ist es keine Anstrengung und Arbeit mehr. Sie können diese eine Sache ohne Probleme durchführen. Wenn Du Dich selber immer wieder in diesen Modus bringen kannst, wirst Du schon sehr schnell große Erfolge erzielen.

Ein wichtiger Faktor hierbei ist, dass Du jeden Tag aktiv bist. Das hört sich erst mal nach viel Arbeit an. Ich kann Dir jedoch versichern, dass es Dir viel leichter fallen wird, wenn Du es erst mal zu einer Gewohnheit gemacht hast. Und genau darum geht es auch! Du musst lernen, etwas auf eine Art und Weise zu automatisieren, sodass Du keine geistige Willenskraft mehr aufwenden musst. Eine Gewohnheit stellt sich aus psychologischen Erkenntnissen nach 30 bis 60 Tagen ein. Dies kann sich je nach Aktivität verändern. Hierbei kommt es natürlich darauf an, was Du verändern willst. Bei Instagram-Marketing reichen in der Regel 30 Tage aus.

Keine Sorge, Du musst nicht jede Minute etwas Neues posten! Das würde an dieser Stelle sogar schädlich für den Algorithmus von Instagram sein. Es kommt vielmehr darauf an, dass Du an unterschiedlichen Uhrzeiten am Tag postest. Somit verbesserst Du Stück für Stück Dein Ranking, was in der Praxis bedeutet, dass Deine Posts auch mehr Impressionen bekommen. In der Praxis bedeutet das einfach nur, dass mehr Interaktionen folgen werden und Du Stück für Stück mehr Fans auf Instagram gewinnen wirst.

Den Algorithmus von Instagram zu verstehen, ist von essenzieller Bedeutung. Auf dieses wichtige Thema werden wir noch mal in einem separaten Kapitel eingehen. Im ersten Schritt ist es jedoch wichtig, dass Du Instagram wirklich zu Deiner Leidenschaft machen kannst. Die einfachste Art und Weise um das umzusetzen, ist es, eine Nische auszusuchen, wo man wirklich sich und seine Intention ausleben kann.

Vielleicht ist reisen Deine große Leidenschaft. Dann kann ich Dir versichern, dass Instagram eines der besten Tools ist, um schnell und einfach neue Follower für Dich zu gewinnen. Das Beste an der Reisenische ist, dass man sehr schnell Follower für sich gewinnen kann, da es sich hier um ein internationales Thema handelt. Das ist auch ein wichtiger Punkt, den Du vor Deiner Contenterstellung bereits identifizieren solltest.

Du solltest herausfinden, ob Dein Thema international übertragbar ist, oder auf einen bestimmten lokalen Raum zurückzuschließen ist. Wenn es sich beispielsweise um das Reisen handelt, ist es wichtig, dass Du Deine Posts so oft wie es geht, auf Englisch veröffentlichst. Somit kannst Du nämlich viel mehr Follower für Dich gewinnen. Gerade, wenn Du in der Zukunft Kooperationen anstrebst, ist das von entscheidender Bedeutung für die Unternehmen.

Aber auch für Dein eigenes Business wird es von großem Vorteil sein, wenn Du mehr Kunden international erreichen kannst. Im Folgenden werden wir noch genauer darauf eingehen, wie Du Deinen Instagram-Account optimal nutzen kannst, um mehr und mehr Besucher für Dich zu gewinnen. Dazu gehört auch, über seine eigenen Posts zu reflektieren. Das Gute ist, dass Du an dieser Stelle nicht einfach auf irgendein Gefühl vertrauen musst, sondern ganz genau mit System vorgehen kannst. Wie Du das genau machst, werde ich Dir in einem speziellen Kapitel Schritt für Schritt erklären.

Im Grunde ist es einfacher als es die meisten Menschen vermuten. Du musst einfach nur bestimmte Schritte gehen und auch einfach mal Dinge testen. Du kannst nicht darauf hoffen, dass es eine bestimmte Wunderpille gibt, denn ich kann Dir versichern, dass es diese auf keinen Fall gibt. Viel wichtiger ist es, dass Du selber proaktiv wirst. Auch, wenn eine bestimmte Strategie nicht funktioniert hat, kannst Du eine andere ausprobieren. Somit bekommst Du auch bei Deinem Marketing ein viel besseres Gefühl und kannst viel besser und effektiver Entscheidungen treffen.

Contenterstellung like a Kind - Was Du bei Instagram unbedingt wissen musst

Auch, wenn der Fokus bei Instagram auf den visuellen Faktor liegt, ist es wichtig, dass man im ersten Schritt herausfindet, was die Fans eigentlich sehen wollen. Somit kann man auch sein Produkt viel besser vermarkten und viel besser herausfinden, was für einen funktioniert und was nicht. Auch, wenn bei Facebook beispielsweise der Fokus vielmehr auf den Text gelegt werden kann, worauf ich noch in einem separaten Kapitel eingehen werde, ist es wichtig, dass man sich allgemein mit der Contenterstellung auskennt.

Es ist zwar wichtig, dass Du tagtäglich aktiv bist, aber nicht jede Minute einen neuen Post heraus haust. Es kommt an dieser Stelle viel mehr auf die Qualität an. Wenn Du auf die Qualität großen Wert legst, wirst Du auch bemerken, dass Du viel mehr Leute erreichen wirst und auch viel mehr Interaktionen unter Deinen Postings wiederfinden wirst.

Ich werde Dir zeigen, was Du bei den ersten Schritten zu beachten hast. Es ist jedoch wichtig, dass Du auch immer wieder einen Blick auf Deine Analytics wirfst. Somit kannst Du viel besser ein Fazit ziehen, was bei Dir gut angekommen ist und was nicht. Das ist selbstverständlich gar nicht so einfach, wenn man noch am Anfang steht. Es kann auch noch sein, dass man am Anfang ein paar Unsicherheiten hat. Diese kann man aber Schritt für Schritt überwinden.

Auch, wenn Du keine Lust hast, alles immer alleine zu posten, kannst Du diesen Schritt automatisieren. Es gibt einige Sachen, die man jedoch dabei beachten muss, um nicht von Instagram selber gesperrt zu werden. Auf dieses Thema werden wir jedoch noch einmal separat eingehen. Erst mal ist es wichtig herauszufinden, was für eine Art von Contenterstellung am besten für Dich geeignet ist.

An dieser Stelle ist es wichtig herauszufinden, welcher Bildpost am besten bei den Fans ankommt. Natürlich ist es wichtig, dass man ein bisschen variiert und nicht jedes Mal das Gleiche postet. Ansonsten kann es schnell mal langweilig werden und auch dazu führen, dass man nicht wirklich das erreicht, was man ursprünglich erreichen wollte. Damit Du erst mal einen besseren Überblick die verschiedenen Postingarten bekommst, werde ich Dir diese erst mal auflisten:

- Lifestyle
- Landschaften
- Essen, wie zum Beispiel bei einem Foodblog
- Training (Fitnessblog und Account)
- Sprüche
- Zitate
- Fakten
- Lustiger und viraler Content (in den meisten Fällen sinnfrei)

An dieser Stelle ist es wichtig, dass man sich nicht für immer auf ein Format fixiert. Du kannst selbstverständlich variieren. Wichtig hierbei ist, dass Du immer eine Geschichte erzählst. Die Praxis hat nämlich gezeigt, dass Geschichten viel besser ankommen und auch dafür sorgen, dass Du besser und schneller verkaufen kannst. Das ist manchmal gar nicht so einfach. Die meisten Leute wollen einfach direkt ein Produkt erstellen und dieses an den Mann bringen. Dabei vergessen sie aber, dass sie zuerst eine Audience brauchen.

Diese kann man zuerst am besten mit einem tollen und kostenlosen Content aufbauen. Das bedeutet jedoch nicht, dass man sich direkt auf ein Format festlegen muss. Auch große Traveller haben schon einmal gezeigt, dass es besser ist, wenn man ab und zu ein wertvolles Zitat heraushaut. Somit kann man viel einfacher und schneller Leute erreichen und auch die eigene Message rüber bringen.

Trotzdem kann es nützlich sein, wenn man sich auf ein Format festlegt. Somit kann man Schritt für Schritt weiterkommen und wird auch bemerken, dass der Instagramfeed viel gleichmäßiger wird. Gerade, wenn man neue Follower gewinnen will, und noch mehr Fans für sich gewinnen will, ist es wichtig, dass der Feed gleichmäßig aussieht. Ich kann Dir aus meiner Erfahrung berichten, dass es viel besser ist, wenn Du ein Thema entwickeln kannst.

Am besten und einfachsten funktioniert das über die App „VSCO". Diese App bietet Dir für eine jährliche Mitgliedschaft von 20 Euro Hunderte von verschiedenen Filtern. Alternativ kannst Du die Filter auch in einem passenden Paket erwerben. Ich kann Dir jedoch versichern, dass sich diese Investition auf jeden Fall lohnen wird. Die Filter bei Instagram sind nämlich alles andere als hilfreich. Außerdem kannst Du mit VSCO-CAM Deine Bilder noch mal um Einiges professioneller aussehen lassen.

Mit Videos mehr Reichweite aufbauen

Seit einiger Zeit bietet Instagram auch die Möglichkeit an, Videos zu erstellen. Videos sind eine super Möglichkeit, um Dein Business besser und direkter zu vermarkten. Der Vorteil an Videos ist, dass Du die Menschen noch direkter und persönlicher ansprechen kannst. Das Wichtige hierbei ist, dass Du keinen Roman daraus machst. Im Gegensatz zu Youtube kannst Du bei Instagram nicht allzu lange Videos erstellen.

Daher solltest Du Deinen Fokus darauflegen, die Message im Video so klar und deutlich wie möglich rüber zu bringen. Ein Instagram-Video kann auch eine super Möglichkeit sein, um ein neues Youtube-Video von Dir zu promoten.

Das machst Du, indem Du einfach die besten Szenen aus Deinem Youtube-Video heraus schneidest. Du fragst Dich nun bestimmt, wie das bei einem informativen Video funktionieren soll, und wie Du damit neue Besucher einfach und schnell auf Deinen Youtube-Kanal weiterleiten kannst. Auch hierfür gibt es eine ganz bestimmte und effektive Marketingstrategie, die Du verwenden kannst, um Dich auf Instagram richtig zu promoten, und gleichzeitig neue Abonnenten für Deinen Youtube-Channel zu gewinnen.

Du hast bestimmt offene Fragen in Deinem Video gestellt. Diese schneidest Du dann einfach zusammen, sodass ein kurzes, sekundenlanges Video entsteht. In diesem Post sollen vor allem offene Fragen festgehalten werden. Somit bekommen neue Besucher Lust und Ansporn weiter nachzudenken. Sie wollen herausfinden, worum es in diesem Video geht!

Genau das ist der richtige Punkt, wo Du Deinen Pitch setzen kannst. Du sagst, dass der Link für das gesamte Video in Deiner Bio vorhanden ist, wo du ihn auch mit einem Klick hinzufügen kannst. So kannst Du beispielsweise ganz einfach und schnell neue Besucher für Dich gewinnen und auch Dein neues Youtube-Video auf eine clevere und effektive Art und Weise vermarkten.

Videos auf Instagram sind jedoch nicht nur dafür da, um damit neue Youtube-Videos zu vermarkten. Auch mit einem kleinen und kurzen Instagram-Video kannst Du schon viel erreichen, und wirst auch genug Aufmerksamkeit auf Dich ziehen, um Deinen Account weiter auszubauen. Dazu musst Du bereit sein, Deine Message so kurz und kompakt wie möglich zu halten.

Diese Videoarten bieten sich für Instagram besonders gut an:

- Lifestylevideos
- Motivationsvideos
- Vines (hierbei handelt es sich in der Regel um sehr kurze und lustige Videos, die Du bestimmt schon mal auf Instagram gefunden hast)
- RIPL. Videos
- BOOMERANG VIDEOS
- Viraler Content

Es gibt bei Instagram auch sehr viele Accounts, die einfach nur die ganze Zeit andere Posts reposten und sich damit eine besonders große Followeranzahl aufbauen. Diese Strategie kannst Du selbstverständlich auch angehen, um möglichst viele Leute für Dich zu gewinnen. Der Vorteil ist dabei, dass Du selbstverständlich viel weniger Arbeit hast. Du musst Dich nicht mehr selbst um die Contenterstellung kümmern. Es ist jedoch wichtig, dass Du immer den eigentlichen Macher von diesem Werk markierst. Ansonsten könntest Du schnell rechtliche Probleme bekommen. Der Nachteil an solchen Profilen ist, dass es im

Endeffekt schwer werden kann, einen eigenen Brand und somit auch eigene Produkte aufzubauen.

In den meisten Fällen promoten genau diese Kanäle nur Produkte von anderen und haben es auch schwer damit, wirklich Fans für ihre eigenen Produkte zu finden. Der Grund hierfür liegt einfach darin begründet, dass die Follower keine wirkliche Bindung zu diesem Account aufbauen konnten. Sie haben immerhin die ganze Zeit nur Posts von anderen Menschen gesehen. Es spricht zwar nichts dagegen, ab und zu einen Repost zu machen. Man sollte aber trotzdem darüber nachdenken, wie man eine Beziehung zu seinen Fans aufbauen kann.

Das macht man eben nicht dadurch, indem man die ganze Zeit Postings von anderen Menschen repostet, denn damit können neue Follower keine Beziehung aufbauen. Ich kann Dir versichern, dass 1.000 Follower, die den Grund kennen, warum sie Dich abonniert haben, viel wertvoller sind, als 100.000, die überhaupt keine Ahnung haben, warum sie auf den „Abonnierbutton" geklickt haben.

Du solltest immer darauf achten, dass Dein Content nicht langweilig wird und auf unterschiedliche Art und Weise publiziert wird. Das kannst Du beispielsweise dadurch machen, indem Du zwischen vielen verschiedenen Postingarten variierst. Damit Du einen besseren Überblick über die besten und gefragtesten Contentarten bekommst, haben wir diese für Dich extra aufgelistet:

Diese Contentarten kommen besonders gut bei Instagram an:

- Lifestyle
- Fashion
- Blog-Style (dokumentiere Dein Leben)
- Fitness / Sport
- Zitate / Sprüche / Fakten

- Lustige Videos (ehemalig Vines)
- Landschaften
- Verrückte Unique Bilder

Die passende Contentart für Dich!

Dass Du nicht alles auf einmal machen kannst, ist verständlich. Es gibt so viele verschiedene Contentarten, sodass man sich gar nicht so einfach entscheiden kann. Deswegen kann es praktisch sein, wenn man sich auf eine bestimmte Contentart fokussiert. Somit kann man im Nachhinein viel einfacher und schneller die Leute mit der richtigen Sprache und dem richtigen Draht ansprechen.

Hierfür gibt es ein ganz praktisches Prinzip, das Du ganz einfach und schnell anwenden kannst. Es handelt sich um das Paretoprinzip. Mit diesem Prinzip kannst Du Dir schnell und einfach die Frage stellen, wie Du 80 % Deiner Zielgruppe mit 20 % Aufwand erreichen kannst. Auch in unserem Alltag sind es genau 20 % der Dinge, die 80 % der Ergebnisse hervorbringen. Genau deswegen müssen wir uns selbst auf diese 20 % fokussieren. Somit können wir das Beste heraus holen und werden auch bemerken, dass wir Stück für Stück besser werden.

Hierbei ist es wichtig, dass Deine Bilder qualitativ hochwertig sind. Das mag sich im ersten Moment hart anhören, aber die meisten Menschen wollen keine verpixelten Bilder sehen. Das bedeutet nicht, dass man sich direkt die teuerste Kamera auf der Welt zulegen muss. Es kann jedoch von großem Vorteil sein, wenn Du damit beginnst, Wert auf qualitativ hochwertige Bilder zu legen.

Auch eine App wie zum Beispiel VSCO kann Einiges herausholen und dafür sorgen, dass Deine Bilder noch hochwertiger aussehen. Gerade ganz einfache und normale Bilder kann man mit ein paar Griffen wieder professioneller gestalten, und somit noch mehr Aufmerksamkeit auf seine Bilder ziehen.

Der richtige Pitch - so promotest Du Dein Produkt richtig auf Instagram

Wenn man sich ein eigenes Onlinebusiness aufbaut, ist es nicht ungewöhnlich, dass man auch irgendwann ein eigenes Produkt herausbringt. Soziale Medien sind die Plattform, um genau diese Produkte richtig zu vermarkten. Das kann ein bisschen Energie und Zeit kosten, wenn man sich mit sozialen Netzwerken noch nicht auskennt. Gerade das Advertising sollte perfekt targetiert werden, um genau die Menschen zu erreichen, die man erreichen möchte.

Daher ist es wichtig, dass man auch bereit ist, zu testen. Wenn man Anzeigen schalten will, muss man kein Millionär sein. In der Regel reichen schon ein paar Euros aus, um weiter zu kommen und endlich das zu erreichen, was man ursprünglich wollte. Mit ein paar Euros kann man eine Anzeige auf Instagram und auf anderen sozialen Netzwerken wie zum Beispiel Facebook schalten. Der große Vorteil an Anzeigen im Internet ist, dass sie wesentlich günstiger sind, als Fernsehwerbung.

Nicht nur die Kosten bei Fernsehwerbung sind einfach viel zu hoch, sondern auch der Verlust. Ich möchte an dieser Stelle ein kleines Beispiel anführen, damit Du Dir besser vorstellen kannst, was darunter zu verstehen ist. Stell Dir vor, dass eine ganz normale Nivea Werbung im Fernsehen läuft. Bekommst Du dann direkt Lust in den nächsten DM zu rennen und Dir eine Nivea Bodylotion zu kaufen? Wahrscheinlich nicht!

Das liegt nicht nur daran, dass die Werbung in den meisten Fällen den falschen Leuten angezeigt wird, sondern, dass sie darüber hinaus auch noch belanglos ist. Die meisten Menschen können keinen wirklichen Bezug dazu aufbauen und klicken häufig weg. Hierbei kann es sich um Sekunden handeln, in denen man sich entscheidet, zuzuhören oder einfach wegzuklicken. Daher solltest Du immer darauf achten, dass Du Deine Videos nicht nur kurz, sondern vor allem auch gekonnt hältst. So kannst Du nämlich viel schneller Ergebnisse erreichen und wirst auch merken, dass Du nicht allzu viel Zeit und Energie aufwenden musst.

Daher sollte man erst mal damit beginnen, das Problem in dem Video kurz zu erklären, und dann die passende Lösung anzubieten. Hierbei sollte der Fokus vor allem auf den Vorher- Nachher-Zustand gelegt werden. Wenn Du das machst, kannst Du schon mit wenig Arbeit und innerhalb von wenigen Sekunden neue Fans für Dich gewinnen. Wichtig hierbei ist es immer den Nutzen für den Kunden in den Vordergrund zu rücken. Die Verkaufspsychologie hat nämlich innerhalb der letzten Jahre herausgefunden, dass es nichts bringt, wenn man einfach nur die Features von einem Produkt auflistet. Das bringt einen in den meisten Fällen nicht sonderlich weiter. Viel wichtiger ist es, dass man den Fokus auf den Nutzen vom Kunden legt.

Die Hashtags - was Du über Instagram unbedingt wissen musst

Wer bei Instagram mehr Reichweite aufbauen will, ohne Geld hinein zu investieren, sollte unbedingt darauf achten, dass er Hashtags benutzt. Hierbei ist es wichtig, dass man nicht einfach so auf irgendwelche Hashtags zurückgreift. Das bringt im Grunde nichts! Man will immerhin nicht einfach so Menschen für sich gewinnen, sondern wirklich Menschen, die sich für einen interessieren. Daher würde ich Dir empfehlen, dass Du zu Beginn eine Hashtagrecherche erstellst. Hierbei solltest Du Dich jedoch nicht Dein ganzes Leben auf ein paar Hashtags festlegen.

Es kann nämlich gut sein, dass sich die relevanten Hashtags mit der Zeit verändern. Du kannst dies jedoch mit ein paar Klicks schnell und einfach herausfinden. Auch die bekannten Influencer auf Instagram achten vermehrt darauf, welche Hashtags wichtig sind, und welche nicht. Man sollte sich auch immer daran orientieren, damit man sicherstellen kann, dass man so viele verschiedene Menschen wie nur möglich damit erreicht.

Doch wie findet man eigentlich die passenden Hashtags? Was hat man dabei zu beachten und wie kann man sich sicher sein, dass man Schritt für Schritt weiter kommt? Im Grunde ist es ziemlich einfach! Als Erstes muss man einfach damit anfangen, eine kurze und knappe Internetrecherche durchzuführen. Das kann man mit ein paar einfachen Worten wie zum Beispiel „Travel-Hashtags" im Internet herausfinden.

Es braucht nur ein paar Klicks und dann wirst Du schnell und einfach herausfinden, was für Dich richtig ist, und was nicht. Auch Orte eignen sich besonders gut, um mit ihnen als Hashtags besonders viele Menschen zu erreichen. Hierbei kommt es für Dich und Dein Business vor allem darauf an, welche Orte man verwendet, denn immerhin kommt es darauf an, dass man genau die Orte auswählt, die für einen selber wichtig sind, und wo sich auch die potenziellen Kunden aufhalten.

Es ist verständlich, dass man nicht immer alle Kommentare manuell eintippen will. Daher solltest Du einfach mal die Hashtags, die für Dich relevant sind, kopieren, und dann in den „Notizen" abspeichern. Wenn Du das machst, kommst Du schon einen großen Schritt weiter und kannst bei jedem neuen Post einfach per copy and paste die passenden Hashtags einfügen.

Hashtags sollten bei einem Instagram-Post niemals vergessen werden. Mit Hashtags kann man nicht nur viele, sondern genau die passenden Leute, erreichen. Manchmal will man aber nicht, dass der eigene Post voll mit Hashtags ist. Was kann man an dieser Stelle tun und wie kann man daran arbeiten, dass man schneller und einfacher weiter kommt?

Es gibt einen ganz einfachen Hashtag-Trick, den ich Dir an dieser Stelle mitgeben will. Im Grunde ist es ziemlich einfach und Du wirst auch merken, dass Du im Grunde damit noch besser und effektiver Reichweite generieren kannst. Hierbei geht es darum, dass Du die passenden Hashtags einfach in die Kommentare passt. Dabei solltest Du nicht allzu viel Zeit verlieren, denn ansonsten könnte sich das negativ auf das Ranking auswirken. Daher solltest Du die passenden Hashtags auch vorher in die Notizfunktion einspeichern. So kannst Du jederzeit einfach und schnell darauf zurückgreifen.

Regelmäßig posten - warum Du auf Instagram regelmäßig aktiv sein solltest

Wenn Du wirklich erfolgreich auf Instagram werden willst, solltest Du darauf achten, dass Du regelmäßig postest. Du wirst damit nicht nur eine Gewohnheit aufbauen, sondern auch dafür sorgen, dass es sich positiv auf das Ranking auswirkt. Das kann erst mal ein bisschen Energie kosten, da man an manchen Tagen einfach nicht die nötige Lust findet. Genau deswegen ist es wichtig, dass Du aus Deinen Posts eine Gewohnheit machst.

Wenn Du das machst, wirst Du auch verstehen, dass Du Stück für Stück weiterkommen wirst und, dass es Dir persönlich nicht mehr schwer allen wird. Daher gibt es auch keinen besseren Zeitpunkt, um genau jetzt damit anzufangen. Je nachdem für welche Nische Du Dich entscheidest, kann es sein, dass Du am Tag öfter oder weniger posten musst. Wenn Du beispielsweise eine Seite nur mit Faktenbildern aufbauen willst, kann es hilfreich sein, wenn Du 6 bis 10 Mal am Tag postest. Das hört sich erst mal nach sehr viel an, aber gerade solche Bilder lassen sich innerhalb von wenigen Minuten erstellen und veröffentlichen.

Anders sieht es mit Landschaftsbildern aus. Dort kann man verständlicherweise nicht 10 Mal am Tag posten. Daher ist es wichtig, dass man hierbei den Fokus vor allem auf die Qualität legt. Du kennst bestimmt diese Reise-Accounts auch, die vielleicht nur einmal am Tag posten, aber sich dann nur für hochwertige Bilder entscheiden. Ob Du auf Qualität oder Quantität setzen willst, ist Deine Entscheidung. Wichtig ist nur, dass Du mehrmals als 1 Mal in der Woche posten kannst. Wenn Du das machst, wirst Du auch mit der Zeit bemerken, dass Du immer mehr und mehr Aufrufe bekommen wirst und sich Deine Followeranzahl jedes Mal vermehren wird.

Dein Instagram-Masterplan - worauf Du auf jeden Fall achten solltest

Es kann am Anfang nicht so einfach sein. Manchmal fragt man sich was man richtig und was man falsch macht. Manchmal hat man aber das Gefühl, dass man einfach nicht die Zeit findet, um zu posten. Ich kann Dir versichern, dass dies einfach nur Ausreden sind. Ausreden, um nicht ins Tun zu kommen! Es kann vielleicht am Anfang ein bisschen schwierig sein, eine Routine aufzubauen. Wenn Du dies aber einmal geschafft hast, wird der Rest von alleine verlaufen.

Um sich viel Energie und Zeit zu sparen, ist es wichtig, dass man einen Plan hat. Einen Plan, wann man etwas posten soll. Man sollte hierbei besonders großen Wert auf Vielseitigkeit legen. Wie schon in einem vorherigen Kapitel erwähnt, wollen Deine Fans nicht zum zehnten Mal ein Selfie von Dir sehen. Auf sozialen Medien wird besonders viel Wert auf Interaktionen gelegt. Die Menschen wollen sehen, dass man sozial ist und sich mit anderen Menschen austauscht. Daher kann es nicht schaden, wenn man sich einen Wochenplan erstellt, damit man einen Überblick über seine Postings bekommt. Das kann auf den ersten Blick nach viel Mühe aussehen, aber ich kann Dir versichern, dass es sich auf jeden Fall lohnen wird.

Die meisten Einsteiger haben das Problem, dass sie nicht immer alles manuell posten wollen. Auch, wenn ich dies jedem ans Herz legen würde, gibt es an dieser Stelle noch eine andere Option. Wenn Du magst, kannst Du auch einfach Deine Posts vorplanen. Somit sparst Du Dir eine Menge Zeit. Du solltest jedoch wissen, dass solche Programme wie auch Bots gegen die Geschäftsbedingungen von Instagram verstoßen. Daher kann es sein, dass Dich Instagram auch sperrt, wenn Du es übertreibst mit dem Posten. Wenn Du die Postings jedoch regelmäßig hältst, läufst Du in der Regel keine Gefahr, von Instagram gesperrt zu werden.

Einer der bekanntesten und mittlerweile auch effektivsten Programme, um seine Posts zu planen und mehr Reichweite zu generieren, ist Instazood. Mit diesem Bot kannst Du jedoch nicht nur Posts vorplanen, sondern auch mehr Reichweite generieren. Besonders attraktiv bei diesem Programm sind die Preise, die sehr niedrig und erschwinglich gehalten werden. Schon für unter 10 Euro im Monat kann man hier schnell und einfach einsteigen. Damit Du einen besseren Überblick über die verschiedenen Funktionen bekommst, wollen wir Dir erst mal die wichtigsten Informationen vorstellen.

Für Instagram selber ist es wichtig, dass Du nicht nur postest, sondern auch dazu bereit bist, in Interaktion zu treten. Somit werden nicht nur mehr Menschen auf Dich aufmerksam, sondern Du verbessersst auch gleichzeitig das Ranking bei Instagram. Das bedeutet im Umkehrschluss, dass Du viel schneller und einfacher neuen, potenziellen Fans angezeigt wirst. Leider kann es manchmal ganz schön stressig sein alles zu liken und zu kommentieren, was für einen relevant erscheint.

Genau hier kommt der wichtige Instagram-Bot ins Spiel. Schon für weniger als 10 Euro im Monat kannst Du alles automatisieren lassen. Hierbei ist es jedoch wichtig, dass Du targetiert vorgehst. Außerdem solltest Du die Geschwindigkeit am Anfang noch gering halten. Gerade, wenn Dein Account noch jung ist, wird dieser von Instagram besonders stark unter Beobachtung genommen. Daher ist es wichtig, dass Du hierbei gekonnt vorgehst. Bei Instazood brauchst Du Dir selber keine Sorgen zu machen. Dir wird Schritt für Schritt in verschiedenen Videos erklärt, was Du zu tun hast.

Auch hier wird es langsam klarer und klarer, warum Du einen Kundenavatar brauchst. Somit kannst Du viel einfacher und schneller einen Bot danach anpassen und auch genau die Leute erreichen, die Du auch erreichen willst. Es macht keinen Sinn, einen Bot einfach so einzustellen. Dann kann man es im Grunde ganz lassen!

Daher ist es auch wichtig, einen Plan zu haben. Wenn Du das machst, wirst Du einen großen Schritt weiter kommen und auch verstehen, dass es im Grunde ziemlich einfach ist!

Dein Instagram-Marketingplan

Bevor wir das Thema Instagram abschließen, will ich Dir mit einem praktischen und einfachen Marketingplan weiterhelfen. Die meisten Menschen haben einfach Angst davor anzufangen. Sie haben Angst vor den Reaktionen, aber vor allem auch Angst diese Aufgabe anzugehen. Ich kann Dir versichern, dass dies nur dazu führt, dass die meisten Menschen gar nicht weiterkommen. Deswegen ist es schon aus psychologischer Sicht wichtig, dass man einfach ins Tun kommt, um daraus das Beste herauszuholen.

Die ersten Schritte müssen nicht perfekt sein. Das muss kein Schritt, denn Perfektionismus ist der Tod des Erfolgs! Wichtig ist es einfach nur ins Tun zu kommen, um schneller und einfacher seine Ergebnisse zu erreichen. Daher habe ich mich auch dazu entschieden, diesen Plan erst mal auf 1 Woche zu beschränken. Das bedeutet selbstverständlich auf keinen Fall, dass man nach einer Woche aufhören soll. Ganz im Gegenteil! Erst nach dieser Woche kann man ein effektives Fazit ziehen und in der nächsten Woche noch mal alles herausholen.

Gerade, wenn man startet, gibt Instagram einem einen Bonus, wenn man viel aktiv ist. Daher gehört es selbstverständlich auch dazu, aktiv zu sein und mit anderen Nutzern Interaktionen zu führen. Wie Du diesen Prozess automatisieren kannst, habe ich Dir schon in einem vorherigen Kapitel erklärt. Jetzt geht es aber wirklich darum, dass man weiter kommt und auch viel schneller und einfacher da hinkommen kann, wo man es sich vorgestellt hat.

Ich habe mich ganz bewusst für die Zeitspanne von 7 Tagen entschieden. Wenn Du nämlich in dieser Zeitspanne selbst aktiv wirst, merkt sich das Dein Gehirn. Das bedeutet, dass es Dir selbst im Umkehrschluss viel einfacher fallen wird, das zu erreichen, was Du eigentlich wolltest. Auch die eigene Überwindungskraft ist dann nicht mehr so stark.

Dein Instagram-Marketingplan

Tage	Bildpost	Zitat mit einem Bild	Videos	Livestreams oder Instagramstories (bei den Stories kann man auch ruhig mehrmals am Tag posten)
Tag.1				
Tag 2.				
Tag 3.				
Tag 4.				
Tag 5.				
Tag 6.				
Tag 7.				

Facebook verstehen - wie kann ich mehr Leute durch effektives Facebookmarketing erreichen?

Der größte Fehler, den die meisten Einsteiger am Anfang machen, ist, dass sie versuchen auf allen Plattformen gleich vorzugehen. Hierbei achten die allermeisten Menschen gar nicht darauf, ob nicht eventuell auf jedem anderen Kanal eine andere Sprache gesprochen wird. Was auf Instagram gut funktioniert, kann bei Facebook schon ganz anders aussehen. Daher ist es wichtig, wie man vorgeht und was man dabei zu beachten hat. Das bedeutet nicht, dass man seinen Content verändern muss. In der Regel reicht es aus, wenn man seine Strategie verändert.

Wenn es um das Thema Facebook geht, scheint die Sachlage ziemlich klar zu sein. Menschen gehen auf Facebook um mehr von Dir, Deiner Geschichte und Deinem Brand zu erfahren. Daher sollte man den Fokus bei Facebook unbedingt auf das Storytelling legen. Einfach nur irgendwelche Informationen mit einem Bild zu verpacken, wirkt in den meisten Fällen einfach nur langweilig. Daher kommt es in den vor allem darauf an, wie man vorgeht und was man dabei zu beachten hat.

Auch hier ist es kein Problem Fehler zu machen. Es ist sogar gut, da man genau aus diesen Fehlern lernen kann. Du wirst auch merken, dass Du von Mal zu Mal besser werden wirst. Mit diesem Kapitel will ich Dir erst mal einen besseren Überblick über Facebook verschaffen. Wenn Du weißt, wie Facebook funktioniert, kannst Du diese soziale Plattform auch viel besser und effektiver für Dich nutzen.

Die langen Texte, die bei Instagram überhaupt keine Leser finden konnten, werden sich bei Facebook wie zu Hause fühlen. Daher ist es wichtig, dass Du diese Texte auch genau für diese Plattform aufbewahrst. Hierbei ist es wichtig, dass Du auf Storytelling zurückgreifst.

Du brauchst eine Geschichte, die Du anderen Menschen erzählen kannst. Menschen lieben Geschichten. Der Grund liegt nicht nur darin, dass sie sich damit identifizieren können, sondern auch eine emotionale Bindung aufbauen können. So gut wie jeder große und erfolgreiche Onlinemarketer greift auf Storytelling zurück. Der Grund hierfür ist ganz einfach. Geschichten verkaufen sich besser.

Gerade, wenn es um einen Verkaufspitch geht, bringt es Dir überhaupt nichts, wenn Du einfach nur ein paar Informationen listest. Viel wichtiger ist es, dass Du den Nutzen für den Kunden näher bringst. Wenn Du das machst, wirst Du bemerken, dass Du Stück für Stück weiter kommen wirst. Facebook ist ehrlich gesagt keine so einfache Angelegenheit, wie das zum Beispiel bei Instagram der Fall ist. Das liegt vor allem in erster Linie an dem Algorithmus. Dieser kann sich nämlich immer verändern und daher weiß man auch nicht so richtig, worauf man sich einstellen soll. Daher ist es von großer Wichtigkeit, dass man sich immer wieder anpassen kann und auch herausfindet, was momentan gut funktioniert und was nicht.

Bei Facebook ist es besonders wichtig, dass man nicht die ganze Zeit das Gleiche macht. Wenn Du beispielsweise nur Fotos postest, kann sich das negativ auf das Ranking auswirken, da Facebook möchte, dass man vielfältig handelt. Doch was bedeutet das in der Praxis? Bei Facebook stehen Dir die unterschiedlichsten Funktionen zur Verfügung. Du kannst ein Bild posten, ein Video veröffentlichen, einen Live Stream aufnehmen, Galerien erstellen, oder den Menschen einfach nur mitteilen, wie Du Dich fühlst. Bei Deinen Postings solltest Du selbstverständlich immer darauf achten, dass Du Deinen Fans immer Mehrwert bietest. Ansonsten bringen die Posts im Grunde nichts, denn eine Businessseite sollte sich immerhin von einem ganz normalen Profil unterscheiden können.

Wie schon eben angeschnitten ist der Algorithmus bei Facebook nicht ganz so einfach. Man muss auf einige Sachen achtgeben, damit man wirklich hochranken kann und auch im Endeffekt auf mehr potenzielle

Kunden trifft, die sich für den eigenen Brand wie auch das eigene Produkt interessieren könnten. Daher arbeiten auch sehr viele Einsteiger mit Facebookads, worauf wir noch mal in einem einzelnen Kapitel eingehen werden. Trotzdem sollte man nicht auf einzelnen Content verzichten. Immerhin wollen die Fans nicht ständig das Gefühl bekommen, dass sie etwas kaufen müssen.

Du kannst Dir das wie bei einem Date mit Deiner Traumfrau vorstellen. Was denkst Du, wie eine fremde Frau reagieren würde, der Du direkt, ohne sie zu kennen, einen Heiratsantrag stellen würdest? Genau richtig! Sie wäre komplett verwirrt. Im Onlinemarketing sieht es auch nicht anders aus. Wenn Du neue Interessenten gleich mit Deinem teuersten Produkt überrollst, wird es Dich nicht sonderlich weiter bringen. Ganz im Gegenteil! Es kann sogar dazu führen, dass genau diese Menschen, die Du ansprechen wolltest, das Interesse an Dir verlieren. Kein Mensch will das Gefühl bekommen, dass man einfach nur abgezockt wird.

Daher ist es wichtig, auf welche Art und Weise Du Deinen Content verpackst und vermarktest. Außerdem solltest Du nicht bei jedem Beitrag zu einem direkten Kauf aufrufen. Das würde ich sowieso keinem wirklich empfehlen beziehungsweise ans Herz legen. Dabei solltest Du immer den Nutzen von Deinen Kunden vor Augen haben. Nur so kannst Du wirklich weiter kommen und wirst im Endeffekt auch mehr Umsatz machen.

Facebook verstehen - wie Du mehr Menschen mit Deiner Story erreichst!

Facebook war für eine lange Zeit nur eine Plattform, wo man sich einfach nur ausgetauscht hat. Dies hat sich in den letzten Jahren mehr und mehr verändert. Facebook ist der Marktplatz überhaupt geworden und Tausende neue Nutzer registrieren sich tagtäglich. Man kann mittlerweile so gut wie alles auf Facebook promoten und verkaufen. Hierbei ist es nur wichtig, wie man vorgeht. Wenn man einfach einen plumpen Link postet und dann hofft, dass diese Menschen über diesen Link auf der eigenen Seite einkaufen, wird man sehr schnell enttäuscht sein.

Daher kann ein übersichtlicher Contentplan nicht schaden. Auch auf Facebook will man nicht jeden Tag ein Selfie sehen. Kreativität und Vielfältigkeit spielen auch hier eine besonders wichtige Rolle. Viel wichtiger ist aber, dass man eine Story hat. Facebook ist die Plattform, um Storytelling zu betreiben. Du musst nicht Tony Robbins sein, um Storytelling zu betreiben. Du kannst mittlerweile so gut wie alles in eine Geschichte packen und wirst auch merken, dass Dein eigenes Marketing von Zeit zu Zeit besser werden wird.

Wichtig hierbei ist aber auch, dass Du bereit bist zu testen. Die meisten Menschen haben einfach Angst anzufangen. Sie haben Angst zu scheitern und noch größere Angst, dass ihnen jemand beim Scheitern zusieht, dessen Meinung für einen relevant sein könnte. Wenn Du beim Onlinemarketing wirklich erfolgreich sein willst, ist es wichtig, dass Du dazu bereit bist zu scheitern.

Onlinemarketing ist nichts, was Du auswendig lernen kannst. Du musst einfach dazu bereit sein es zu machen und dann wirst Du auch bemerken, dass Du Schritt für Schritt weiter kommen wirst. Das ist auch der Grund, warum so viele junge Leute viel erfolgreicher sind im Internet, als irgendwelche Professoren. Professoren haben im Grunde nur ihren Job, weil sich Studenten innerlich dazu verpflichten in die Uni zu gehen. Es ist ein Weg, der einem vom Staat vorgelegt wird. Onlinemarketing kannst Du nur durch Erfahrung erlernen.

Auch beim Facebookmarketing kann es schon mal passieren, dass Du das Gefühl hast, dass Du nicht weiterkommst. Vielleicht denkst Du auch, dass Du nicht gut genug bist. Ich kann Dir versichern, dass diese Gedanken einfach nur Bullshit sind. Du kannst im Grunde alles im Internet vermarkten. Du musst nur wissen, wie Du dabei vorgehst, und wie die menschliche Psyche funktioniert.

Wir Menschen sind Gewohnheitstiere. Das hat den einfachen Grund, weil wir so viel wie möglich Leid vermeiden und Glück empfinden wollen. Daher achten auch viele erfolgreiche Brands bei ihrem Marketing darauf, dass sie einen Wiedererkennungswert schaffen. Wenn Menschen nämlich an eine bestimmte Sache denken, sie sehen, fühlen oder auch riechen, können sie automatisch an eine bestimmte Marke erinnert werden. Dies ist zum Beispiel auch bei Coca-Cola der Fall.

Daher ist es wichtig, dass Du bei Deinen Facebookbeiträgen einen Wiedererkennungswert schaffst. Irgendetwas, was deinen Brand oder auch Deine Person ausmacht. Gerade Menschen in der westlichen Gesellschaft schätzen einen Wiedererkennungswert, Individualität und Einzigartigkeit komplett wert. Das Gute ist, dass Du diesen Wert auf unterschiedliche Art und Weise rüber bringen kannst. Du kannst beispielsweise die ganze Zeit durch einen bestimmten Schreibstil, bestimmte Emoticons oder auch Bildarten Deinen Stil zum Ausdruck bringen. Wichtig hierbei ist nur, dass eine bestimmte Einheitlichkeit da ist, ohne dass es langweilig wird. Nur so kannst Du weiter kommen und wirst auch verstehen, dass es von Mal zu Mal besser werden wird.

Die eigene Facebookpage

Auch, wenn Du über Dein privates Profil mittlerweile viel werben kannst, ist eine Facebookpage immer noch die üblichste Art und Weise, um seinen Brand oder sein Unternehmen zu promoten. Hierbei spielt der erste Eindruck eine große Rolle. Du musst kein Grafiker oder Millionär sein, um Dir eine schöne und professionelle Fanpage aufzubauen. Mittlerweile gibt es viele günstige Freelancer auf Fiverr.com, die das schon für wenig Geld machen.

Viel wichtiger ist es, dass Du den Fokus darauf legst, dass es auf den ersten Blick klar wird, was Du mit der Seite ausdrücken willst beziehungsweise worum es geht. Daher sollte man auch am ersten Eindruck arbeiten, damit man schnell und effektiv neue Fans für sich gewinnen kann. Daher kann es auch nicht schaden, wenn man sich auf den ersten Eindruck fokussiert, denn dabei kann man einiges herausholen. Wenn Du Dich optisch auf die Startseite fokussierst, wirst Du auch Schritt für Schritt weiterkommen und verstehen, dass es im Grunde gar nicht so schwer so eine Seite auch optisch schön und attraktiv zu gestalten.

Im ersten Schritt ist es wichtig, dass Du Dein Titelbild erstellst, oder erstellen lässt. Wenn Du Dich selber grafisch nicht allzu sehr auskennst, aber trotzdem ein schönes Titelbild haben willst, kannst Du dieses schon für wenige Euros outsourcen. Damit ersparst Du Dir im Endeffekt auch nicht nur viel Zeit, sondern vor allem auch Energie. Gerade Plattformen wie zum Beispiel „Fiverr" bieten sich perfekt dafür an. Du kannst schon mit einem Klick und unter 5 Euro ein tolles und ansprechendes Titelbild erstellen lassen. Besser geht es nicht!

Den Markt verstehen - in welche Nische soll ich einsteigen?

Sehr viele Beginner fragen sich auch in welche Nische sie einsteigen sollen und was sie dabei zu beachten haben. Du musst das Rad nicht neu erfinden, um im Onlinemarketing erfolgreich zu sein. Im Grunde kannst Du einfach kleine Schritte unternehmen und wirst auch verstehen, dass Du von Mal zu Mal besser werden wirst. Auch die Marktrecherche an sich ist kein Hexenwerk. In den meisten Fällen gibt es in bestimmten Nischen auch schon Leader.

An diesen Leadern solltest Du Dich orientieren. Von diesen Leuten kannst Du Stück für Stück lernen. Auch eine Marktanalyse wird Dir im Nachhinein viel leichter fallen. Wenn ein Markt beispielsweise komplett leer an Konkurrenz ist, muss das nicht immer ein gutes Zeichen sein. Es kann auch sein, dass dieser Markt komplett leer ist und einfach keine Interessenten vorhanden sind, die auch die eigenen Kunden werden können. Dieser Punkt ist wichtig zu beleuchten, damit man das Beste herausholen kann.

Daher solltest Du Deine Zeit am Anfang dafür aufwenden, um die richtige Nische zu finden. Ich kann Dir versichern, dass Du es dann um Einiges einfacher haben wirst. Es reicht jedoch nicht aus, wenn Du einfach nur eine Nische gefunden hast und dann weiter machst. Im nächsten Schritt geht es darum, die Contentstrategie zu analysieren. Damit ersparst Du Dir eine Menge Zeit und wirst auch verstehen, dass es von Mal zu Mal besser wird.

Gerade sehr große Influencer mit einer großen Followeranzahl gehen nach einer ganz bestimmten Strategie nach. Sie wissen beispielsweise, dass ihre Fans nicht zum hundertsten Mal das Gleiche sehen wollen. Gerade Facebook funktioniert in der Regel anders als Instagram und daher sollte man seinen Fokus auch darauf legen. Es gibt keinen besseren Platz für Storytelling. Du wirst auch verstehen, dass es von Mal zu Mal besser werden wird.

Der erste Schritt besteht jedoch darin, ihn einfach mal zu machen. Hast Du Dich schon mal gefragt, warum manche Leute Hunderte von Leuten mit ihren Posts erreichen und manche nur einige Wenige? Das ist natürlich eine sehr gute und interessante Frage, die man gar nicht so einfach beantworten kann. Wenn man sich jedoch die Angelegenheit ein bisschen genauer anschaut, dann wird man sehr schnell erkennen, was dahintersteht. Sie achten viel mehr auf das „WIE" als auf das „WAS". Selbstverständlich ist der Content an sich auch wichtig. Du solltest nicht einfach so irgendeinen Bullshit posten. Das bringt Dich nicht weiter und wird auch ehrlich gesagt keinen guten Eindruck bei Deinen Fans hinterlassen.

Auch Live-Videos werden auf Facebook immer beliebter und beliebter. Das hat auch einen bestimmten Grund. Facebook hat gemerkt, dass sehr viele Menschen sich auf einmal viel mehr auf Snapchat aufhalten, und wollten herausfinden, warum das der Fall ist. Hierbei haben sie ganz bestimmte Muster erkannt. Die Menschen haben nach einem direkteren Kontakt gesucht. Gerade, wenn man einen Post über eine Facebookseite postet, kann es sein, dass nicht sofort allzu viel Vertrauen aufgebaut werden kann.

Daher ist es wichtig, dass man von Anfang an Funktionen benutzt, die genau das ermöglichen. Eine von ihnen sind Live-Videos. Mit diesen Videos kann man direkt seine Message rüber bringen. Mittlerweile kann man auf Facebook auch über seinen Tag posten. Hierbei handelt es sich um eine Funktion, die schon lange bei Snapchat bekannt war und bei Instagram über Instagram-Direct eingeführt wurde. Auch, wenn man diese Funktion nur über das mobile Gerät betätigen kann, lohnt es sich auf jeden Fall und man wird auch bemerken, dass man damit mehr und mehr Leute erreichen wird.

Menschen lieben Geschichten. Sie wollen Dich nicht die ganze Zeit an Deinem emotionalen Tiefpunkt sehen. Wenn wir uns die Facebookseite von Gary Vaynerchuk anschauen, dann merken wir ganz schnell, warum er so erfolgreich geworden ist. Er achtet nicht nur darauf, dass sein Content hochwertig ist, sondern dass er auch einen direkten Draht zu seinen Fans aufbauen kann. Ich kann Dir versichern, dass diese Beziehung eine der wertvollsten Sachen ist, um ein erfolgreiches Business und einen Brand aufzubauen. Selbstverständlich kann es sein, dass man erst mal ein bisschen Zeit braucht.

Mit der Zeit wird man aber bemerken, dass es besser und besser wird. Wenn Du beispielsweise ein bestimmtes Zitat von jemandem oder von Dir selbst posten willst, kannst Du es einfach plump in einem Beitrag posten. Du kannst Dir aber auch kurz die Zeit nehmen, um mehr Menschen dadurch zu erreichen. Hierfür nimmst Du einfach ein Bild von Dir das dazu passt, und passt es mit Canva an. Mit Canva kannst Du schnell und einfach professionelle Facebookbeiträge erstellen, die Dir weiterhelfen werden und auch dafür sorgen werden, dass Du mehr Leute damit erreichen kannst. Somit wird Dein Beitrag zum absoluten Eyecatcher.

Wenn Du Deine Message mit Videos rausbringen willst, kannst Du das auch tun. Hierbei dürfen die Videos auch ruhig ein bisschen länger sein. Im Gegensatz zu Instagram hast Du bei Facebook nicht einmal ansatzweise so strenge Vorgaben und solltest diese Freiheit deswegen auch unbedingt nutzen. Hierbei solltest Du Dir immer wieder die Frage stellen, wie Du Deinen Fans den meisten Mehrwert bieten kannst. Wenn Du das machst, kommst Du einen sehr großen Schritt weiter und wirst auch verstehen, dass Du mit sehr einfachen Tricks und Tipps Dir eine viel größere Reichweite aufbauen kannst.

Der Facebook-Algorithmus - das solltest Du wissen

Facebook ist, wie schon vorher angesprochen, eine nicht so einfache Angelegenheit. Es gibt sehr viele Sachen, die man dabei beachten muss und man wird auch mit der Zeit bemerken, dass man besser und besser wird. Daher kann es nicht schaden, wenn man am Anfang „Fehler" macht. Ich habe schon in einem vorherigen Kapitel ganz bewusst angesprochen, dass es keine Fehler gibt. Es gibt nur Situationen, aus denen man lernen kann.

Auch, wenn es am Anfang ziemlich frustrierend sein kann, wenn man noch nicht alles perfekt kann, wird man bemerken, dass dies von Zeit zu Zeit kommen wird. Gerade, wenn man noch am Anfang steht, kann das ziemlich schwierig sein. Daher solltest Du solche Fehlschläge unbedingt als Chance nutzen. Trotzdem kann es nicht schaden, wenn man sich zu Beginn noch ein bisschen über Facebook informiert und erst mal herausfindet, was für einen gut funktioniert und was nicht.

Hierbei spielt der Facebook-Algorithmus eine besonders große Rolle. Je mehr man den Algorithmus kennt und auch versteht, wie man den zu benutzen hat, desto besser wird man werden. Dies kann am Anfang ein bisschen Zeit kosten, aber Du wirst bemerken, dass es von Mal zu Mal besser werden wird. Man sollte den Facebook-Algorithmus immer wieder vor Augen haben, damit man sich ein besseres Bild davon machen kann, was gerade funktioniert und was nicht.

Wenn man nämlich seine eigenen Postings danach anpasst, wird man einen großen Schritt weiter kommen und auch automatisch mehr Menschen damit erreichen. Facebook ist, im Gegensatz zu Google, ziemlich kurzfristig, was das Ranking angeht. Während man sich bei Google über Monate Zeit nehmen kann, sind es bei Facebook nur wenige Stunden.

Da es sich bei Facebook um ein soziales Netzwerk handelt, hat dieses selbstverständlich auch das Interesse, dass viele Interaktionen vorhanden sind. Daher sollte man mit seiner Facebookseite hier seinen größten Fokus legen. Gerade in der ersten Stunde achtet Facebook darauf, wie viele und vor allem auch welche Interaktionen eine Rolle spielen. Auch Kommentare sind an dieser Stelle von großer Bedeutung und sollten nicht außer Acht gelassen werden.

Viele Beginner denken, dass sie nur genügend Likes sammeln müssen. Es gibt sogar viele Facebookseiten, die sich billig Likes einkaufen. Ich werde später noch mal genauer darauf eingehen, warum Dir das im Grunde nichts bringen wird und auch unbedingt vermieden werden sollte. In der ersten Stunde ist es also für Facebook besonders wichtig, viele verschiedene Interaktionen zu sammeln. Dazu gehören beispielsweise Likes, Kommentare und das Teilen! Doch wie schafft man das, ohne auf irgendeiner Seite Likes einzukaufen?

Im Grunde ist es ziemlich einfach! Du musst Content produzieren, der Deine Fans auch wirklich interessiert. Hierfür musst Du das Rad wirklich nicht neu erfinden. Im Grunde reicht es auch, wenn Du Dich einfach nur bei den Leuten umschaust, die schon in diesem Bereich Erfolg hatten. Das kann ein bisschen Zeit kosten, aber Du wirst bemerken, dass es von Mal zu Mal besser werden wird!

Gerade große Influencer können Dir in diesem Bereich besonders behilflich sein. Wichtig hierbei ist nur, dass Du nichts kopierst. Menschen bemerken so was ziemlich schnell. Das macht nicht nur einen unseriösen, sondern darüber hinaus auch noch unsympathischen Eindruck. Daher sollte Unique-Content bei Dir immer an erster Stelle stehen. Wie Du diesen Content jedoch verpackst, liegt in Deiner Hand. Hier kannst Du Dich im besten Fall genau an den Leuten orientieren und diese Strategien für Dich verwenden.

Hierbei ist es wichtig, dass Du vor allem Muster erkennst. Wenn Du das machst, kommst Du einen großen Schritt weiter und kannst auch viel schneller und einfacher genau Deine Sachen vermarkten. Du brauchst Dir um den Content jedoch nicht allzu große Gedanken zu machen. Ich werde Dir am Ende noch einen Contentplan mit an die Hand geben, der Dir genau hierbei weiterhelfen wird. Die Praxis hat uns nämlich gezeigt, dass es einfacher ist, als es sich die meisten Menschen vorstellen. Man muss erst mal nur den Mut haben, um ins Tun zu kommen.

Facebook ist eine tolle Plattform um sich zum Ausdruck zu bringen. Man kann sich auch mehr Zeit lassen und muss nicht alles super kurzfassen, wie das beispielsweise bei Instagram der Fall ist. Wichtig ist nur, dass man die richtige Sprache spricht, die in diesem Fall Storytelling heißt.

Auch einen Call to Action sollte in einem Facebook-Post nicht fehlen. Wichtig hierbei ist nur, dass Du Deinen Fans schon vorher genug Mehrwert bietest, um weiter zu kommen. Wenn Du das machst, wirst Du bemerken, dass es im Grunde gar nicht so schwer ist und, dass Du im Grunde auch alles vermarkten kannst. Auch neue Youtube-Videos lassen sich auf diese Art und Weise superschnell und einfach über Facebook vermarkten.

Wenn Du einen Call to Action setzen willst, kannst Du dies auf viele verschiedene Herangehensweisen unternehmen. Einfach so auf einen Link zu verweisen, wird Dich nicht wirklich weiter bringen. Das wirkt auf die meisten Menschen einfach nur nach einem sehr plumpen Verkaufsversuch. Wenn Du beispielsweise nur über einen Post verkaufen willst oder neue Fans in einen Funnel hinein bringen willst, würde ich Dir dies über Ads raten. Dies ist nämlich der effektivste und schnellste Weg, um neue Kunden zu gewinnen.

Selbstverständlich kannst Du über Content auch Produkte promoten. Hierbei solltest Du jedoch ein bisschen geschickter vorgehen und auch dafür sorgen, dass Du in Vorleistung gehst. Doch was bedeutet das genau in der Praxis? Das bedeutet beispielsweise, dass Du eine Pre-

Launch-Phase eingehst, wo Du Deine Fans und Interessenten erst mal auf das Thema heißmachst. Somit kannst Du auch im Endeffekt viel schneller und einfacher Menschen für Dich gewinnen.

Hierbei geht es nicht darum, dass Du direkt etwas verkaufst. In der Regel dauert so eine Pre-Launch-Phase 7 Tage. Dann kannst Du mit dem eigentlichen Launch anfangen. Du wirst auch merken, dass Du somit Schritt für Schritt weiterkommen wirst. In der Pre-Launch geht es erst mal darum, so viel Mehrwert wie möglich zu bieten. Wenn Du das machst, kommst Du einen großen Schritt weiter und wirst auch verstehen, dass es im Grunde ziemlich einfach sein kann.

Danach kannst Du in der eigentlichen Launchphase damit beginnen, den Leuten immer mehr von Deinem Produkt zu zeigen und auch zu empfehlen. Du wirst bemerken, dass Dich das um Einiges weiterbringen wird, und dass Du Dich dann um kaum mehr etwas kümmern musst. Es kommt nicht selten vor, dass Onlinemarketer in dieser Phase einen bestimmten Rabatt anbieten. Dieser beträgt je nach Nische zwischen 30 und 50 Prozent. Somit kannst Du noch mehr Leute für Dich gewinnen, da Du eine künstliche Knappheit schaffst.

An dieser Stelle gehen wir ein bisschen auf die Verkaufspsychologie ein, damit Du Dir besser vorstellen kannst, was darunter zu verstehen ist. Da unsere biochemischen Prozesse noch wie zu Urzeiten funktionieren, verfällt unser Gehirn ziemlich schnell in Stress. Dieser Stress kann sich positiv wie auch negativ auswirken. Es kommt in den meisten Fällen nur darauf an, was man daraus macht und wie man das Beste herausholt.

Mit einer künstlichen Verknappung kannst Du dafür sorgen, dass Du diese Aufmerksamkeit von diesen Leuten für Dich nutzt, um das Beste herauszuholen. Du wirst auch merken, dass es von Mal zu Mal besser werden wird und im Grunde gar nicht so schwer ist, wenn man es richtig macht. Bei einer künstlichen Verknappung solltest Du dafür sorgen, dass Deine Fans über diesen Zeitraum Bescheid wissen. Somit wird den Fans selber immer wieder ins Gedächtnis gerufen, dass sie nur in einer bestimmten Zeitspanne die Möglichkeit haben, dieses Angebot zu der Hälfte des Preises zu erwerben. Du siehst also, dass es im Grunde ziemlich einfach ist. Die Praxis hat ebenfalls gezeigt, dass die Verkaufsquote in so einer Zeit viel effektiver und besser ist, als bei einem ganz normalen Verkauf. Genau das sollte man für sich nutzen, um das Beste herauszuholen und von Mal zu Mal besser zu werden.

Dein Facebook-Marketingplan

Doch wie kann man mit Facebook weiterkommen? Was hat man dabei zu beachten und wie kann man sich sicher sein, dass man am Ende seine Ergebnisse erreicht? Eine hundertprozentige Sicherheit gibt es bei Nichts, was man im Leben tut. Mit dem richtigen Marketingplan kann man jedoch Einiges erreichen und wird auch verstehen, dass man nicht allzu viel braucht, um sein Business nach vorne zu bringen.

Ein wichtiger Punkt, der manchmal außer Acht gelassen wird, sind die Analytics. Diese sind wichtig, um herauszufinden, was bei den eigenen Fans gut angekommen ist und an welchen Stellen man ab und zu noch ein bisschen arbeiten sollte. Viele Leute überspringen diesen Punkt und wollen dann direkt die erste Million machen. Sie fragen sich dann warum es nicht funktioniert und was sie daran ändern können.

Daher habe ich mich dazu entschieden, diesen Facebook-Marketingplan zu erstellen. Du wirst bemerken, dass es von Mal zu Mal besser werden wird, und dass Du auch weiter kommen wirst. Wichtig ist nur, dass Du diesen Marketingplan nicht als Heilige Schrift ansiehst. Selbstverständlich kann man auch an verschiedenen Ecken etwas ändern und somit sein eigenes Marketing verbessern.

In diesem Plan werde ich Dir Schritt für Schritt zeigen, was Du dabei zu beachten hast. Hierbei konzentrieren wir uns erst mal auf einen 7-Tageplan. In einer Woche kann man Einiges erreichen und es hat auch einen bestimmten Grund, warum ich mich für diese Zeitspanne entschieden habe. Das soll nicht bedeuten, dass Du nach 7 Tagen aufhören solltest. Ganz im Gegenteil! Du wirst schon nach 7 Tagen ein Fazit ziehen können und die nächste Woche aufgrund der letzten Erfahrungen anpassen und verbessern können.

Wichtig hierbei ist nur, dass Du nicht stur bleibst. Nur, weil eine bestimmte Sache nicht funktioniert, bedeutet das nicht gleich, dass Dein Content schlecht ist. Ganz im Gegenteil! Dein Content kann sogar sehr professionell sein, aber einfach an die falsche Zielgruppe gerichtet sein. Genau deswegen war es wichtig von Anfang an einen Kundenavatar zu erstellen. Somit macht man es sich selbst nicht nur leichter, sondern wird auch bemerken, dass es von Mal zu Mal besser werden kann.

Der Marketingplan (Dauer: 7 Tage)

Welcher Content kommt bei meinen Konkurrenten besonders gut an?	Eine Contentform, die ich zuvor noch nicht benutzt habe wie zum Beispiel Video	Content mit einem Call to Action	Pitch oder Content der auf andere Social Media Kanäle verweist
1. Tag			
2. Tag			
3. Tag			
4. Tag			
5. Tag			
6. Tag			
7. Tag			

Wichtig hierbei ist vor allem, dass Du authentisch arbeitest. Es bringt Dir überhaupt nichts, wenn Du Dir Likes und Kommentare auf irgendwelchen Seiten einkaufst. Solche Dienste können sogar dazu führen, dass Du keinen einzigen Schritt weiter kommst und Dein eigener Account im schlimmsten Fall sogar gesperrt wird. Das sollte man selbstverständlich vermeiden. Deswegen ist es wichtig, dass man immer mit Mehrwert arbeitet und versucht eine Lösung für das Problem seiner Fans zu finden.

Fazit

Vielen Dank, dass Du bis zu dieser Stelle mitgelesen hast! Das zeigt Dir selbst schon mal, dass Du den Willen dazu hast mehr aus Deinem Leben herauszuholen und Dich wirklich auf Deine individuelle Art und Weise zu verwirklichen. Gerade am Anfang kann einem die Motivation fehlen. Genau deswegen ist es wichtig, dass man so schnell wie möglich ins Tun kommt.

Wenn Du einmal ins Tun gekommen bist, wirst Du bemerken, dass Du Schritt für Schritt weiterkommen wirst und auch viel schneller und einfacher Menschen für Dich gewinnen kannst. Selbstverständlich musst Du ein Thema haben. Nur so kannst Du sicherstellen, dass Du auch das erreichen kannst, was Du Dir vorgestellt hast. Du siehst also, dass es im Grunde ziemlich einfach ist, und dass Du nur die richtigen Werkzeuge kennen musst.

Wenn Du die Werkzeuge hast, darfst Du nicht vergessen, immer wieder ein Fazit zu ziehen. Somit kannst Du viel einfacher und schneller Menschen für Dich gewinnen und auch dafür sorgen, dass Du mehr von dem veröffentlichen kannst, was wirklich gut ankommt. Hierbei wirst Du aber auch nicht alleine gelassen. Die Analytics kannst Du sowohl bei Instagram wie auch Facebook verwenden.

Auch das Feedback von Deinen Fans solltest Du immer wieder reflektieren. Diese werden Dir nämlich ganz genau zeigen, was gut ankommt und an welchen Stellen Du vielleicht noch arbeiten solltest. Du siehst also, dass der ganze Prozess gar nicht so schwierig ist, wie es sich die meisten Menschen vorstellen.

Wichtig hierbei ist, dass Du endlich ins Tun kommst. Sich die ganze Zeit vorzustellen wie schön es doch wäre, bringt Dich keinen einzigen Schritt weiter. Du musst auch dazu bereit sein „Fehler" zu machen und aus ihnen zu lernen. Onlinemarketing ist nichts, was Du studieren kannst. Es ist viel mehr eine Sache, die Du Schritt für Schritt erlernen musst. Du wirst auch verstehen, dass es von Mal zu Mal besser werden wird.

Nur so kannst Du wirklich erfolgreich beim Onlinemarketing werden und Deinen Brand aufbauen. Du musst Deine Angst ablegen und verlieren, denn nur so haben es auch große Gewinner geschafft. Am besten fängst Du direkt heute damit an, denn ich kann Dir versichern, dass es morgen auf keinen Fall besser werden wird! Mit diesen Worten will ich mich von Dir verabschieden, und wünsche Dir viel Erfolg aber vor allem auch Spaß bei Deinem Marketing!

www.ingramcontent.com/pod-product-compliance
Lightning Source LLC
Chambersburg PA
CBHW050017230526
45470CB00003B/1014